追寻更好的教育

李镇西 著

江西教育出版社
JIANGXI EDUCATION PUBLISHING HOUSE
·南昌·

赣版权登字-02-2024-241

图书在版编目（CIP）数据

追寻更好的教育 / 李镇西著. -- 南昌 : 江西教育出版社, 2024.7. -- ISBN 978-7-5705-4375-5

Ⅰ. G40-03

中国国家版本馆CIP数据核字第2024QR4863号

追寻更好的教育

ZHUIXUN GENGHAO DE JIAOYU

李镇西 著

江西教育出版社出版

（南昌市学府大道 299 号　邮编：330038）

出 品 人：熊　炽

策划编辑：夏荣华

责任编辑：夏荣华

封面设计：奇文云海

美术编辑：张　延

各地新华书店经销

江西和平印务有限公司印刷

710 毫米 ×1000 毫米　16 开本　18.25 印张　246 千字

2024 年 7 月第 1 版　2024 年 7 月第 1 次印刷

ISBN 978-7-5705-4375-5

定价：58.00 元

赣教版图书如有印装质量问题，请向我社调换　电话：0791-86710427

总编室电话：0791-86705643　编辑部电话：0791-86708350

投稿邮箱：JXJYCBS@163.com　网址：http://www.jxeph.com

自序：捍卫教育的纯洁与神圣

1998年11月27日，我在纪念苏霍姆林斯基诞辰80周年国际论坛上做了40分钟的发言，谈了自己在苏霍姆林斯基思想影响下的教育实践。

我刚讲完，坐在一旁的苏霍姆林斯卡娅擦着眼泪递给我一张纸，上面写满了赠言。其中有一句是："您是中国的苏霍姆林斯基式的教师！"这句话后来广为流传。能得到苏霍姆林斯基的女儿如此赞誉，我当然自豪。但我更看重的，是她前面的一句话："您是一位真正的教师！"

苏霍姆林斯卡娅说我是"中国的苏霍姆林斯基式的教师"，多少让我诚惶诚恐，但是她称我为"真正的教师"，我完全接受。

我认为，"真正的教师"是一个教师的最高荣誉，这也应该成为每一位教师毕生的追求。由于种种原因，我们也许无法评上高级职称，也很难获得特级教师的称号，但我们完全可以成为真正的教师。前者有赖于别人，后者则完全取决于自己。

所谓"真"，就是真诚、真实。对教育、对学生怀有发自内心的热爱，以一颗纯粹的心从事教育，自己不相信的决不教给学生，自己做不到的决不让学生做，决不对学生说假话，更不教学生弄虚作假，这就是"真"。

所谓"正"，就是正直、正派。人格高尚，心灵纯洁，光明磊落，保持知识分子的风骨与气节，决不跪拜权贵，决不牟取工资以外的任何物质利益，决不向一切反教育的现象妥协，恪守教育的底线，这就是"正"。

几十年的教育经历已经证明，我做到了教师的"真"与"正"。当然，为真和守正是一个有良知的教师应该做到也能够做到的。如陶行知所说："千教万教教人求真，千学万学学做真人。"

追求真实与正直，必然与一切假恶丑水火不容。几十年来，我一直在教育第一线：一堂课一堂课地上，一个班一个班地带，一个学生一个学生地爱……同时，也对所有侵蚀校园、玷污教育的现象毫不妥协，并予以毫不留情的抵制与抨击。这源于我对教育深沉的爱，对更好的教育的不懈追求。

这本《追寻更好的教育》就是我这种情怀的写照。

都说现在做教育难，当老师难。难在哪里？这固然在于教育本身的复杂性和艰巨性，也在于教师工作累和待遇低，但更艰难的是，许多反教育现象对我们真正的教育造成了一种无形而强大的阻碍。我们一方面要坚持教育本身的原则和做法，另一方面还要排除种种非教育的干扰。这些“非教育的干扰”既来自教育内部，也来自社会环境。

本书集中了我近年来所写的教育评论文章，分为“不平则鸣”“不言而喻”“不敢苟同”“不以为然”“不揣冒昧”五个部分。我对那样的教育说“不”。我的观点不一定正确，但每一篇文章都表达了我对教育真诚的思考，对种种假教育和反教育现象的尖锐抨击，对更好的教育的不断追寻。

说实话，并不是所有人都喜欢我这些文章的，而且我的一些文章还让某些人反感。所以不止一个朋友劝我：“你好好上课就是了，守住你的班级就是了，何必管那么宽，还写下这么多‘刺耳’的文章呢？”

我的回答是：“我是一个真正的教师！”

因为真诚真实、正直正派，我有责任坚守教育的常识。

教育者与孩子为伴，应该有一颗纯净的童心。多年前，我曾写过一篇题为《保持童心》的短文。我这样写道：“童心，就是善良之心、正直之心、热情之心、创造之心。”这颗纯净的童心，不因年龄的增长而丧失，应该成为教育者终身的“标配”。

对教育者来说，童心就是我们的初心。这颗一尘不染的初心，不可能容忍心爱的教育被亵渎，纯洁的心灵被玷污。

愿我微弱的呼喊，能够唤起更多真正的教师，一起来捍卫教育的纯洁与神圣。

2024 年 5 月 22 日

目录

BUPINGZEMING

不平则鸣

A

不言而喻

BUYANERYU

B

BUGANGOUTONG

不敢苟同

C

不以为然

BUYIWEIRAN

D

不揣冒昧

A 不平则鸣

BUPINGZEMING

教育的本色是真诚，一切虚假与欺骗都是教育的天敌。

让我们的孩子在真实的教育中走向成熟。

学校不该作弊！

——学校为什么要教全体学生对教育部的调查作弊？

一声“双减”，万众拥护。尽管在具体实施方面，大家对“双减”政策还有许多争议，一些教师和家长甚至多少还有一些抱怨，但抱怨的是具体做法，而关于国家“双减”政策的意义，大概是不会有争议的。所以，从总体上说，“双减”受到了绝大多数人的欢迎，这是事实。

那么，“双减”的效果究竟怎么样？有哪些地方需要改进？国家还需要从哪些方面提供支持？为此，相关部门本着对孩子、教师和家长负责的态度，设计若干选填题，在国家义务教育质量监测平台上对学校“减负”情况进行了问卷调查，调查对象是学生及其家长。

这本来是一件非常好的事。如果能够通过调查，了解到真实的情况，那对调整“双减”措施、提升“双减”效果都有着极其重要的意义。

可是，有一个学校是怎么做的呢？

该校先给所有班主任统一发了一条短信——

此次问卷调查非常重要！是国家对“双减”工作落实情况的一次调查，各班班主任一定要高度重视，督促本班学生务必按照答案去完成问卷调查，决不允许胡填——国家监测平台无法进行更改，希望班主任一定进行提醒！

收到请回复！

短短一条短信，信息丰富，耐人寻味。

校方意识到“此次问卷调查非常重要！是国家对‘双减’工作落实情况的一次调查”，要求“各班班主任一定要引起重视”，这些都没问题；可是这一句不好理解：“督促本班学生一定按照答案去完成问卷调查，决不允许胡填……”问卷调查，当然要填写答案，问题是什么是“按照答案去完成问卷调查”？这答案不就是学生和家长的真实感受吗？还要“按照”什么“答案”呢？为什么未“按照答案”去完成就是“胡填”呢？令我更加迷惑的是：“国家监测平台无法进行更改……”请问，什么是“无法更改”？要“更改”啥？我作为一个老教师，还是教语文的，都读不懂这句话，我不知道孩子和家长读懂没有。最后，要班主任“一定”“督促”学生，而且强调“请回复”，校长实在不放心啊！可以想象校长是多么地“牵挂”这事。

其实，这条短信最大的“谜团”，还是“按照答案去完成问卷调查”的“答案”是什么。

“答案”很快就揭晓了。因为班主任在按学校要求统一发给每一个孩子的问卷调查题上，已经用红色将要求学生必须选择的答案醒目地标示出来了！

题目本来是让家长填写的，但从学校发给班主任的短信中“督促本班学生一定按照答案去完成问卷调查”的要求看，学校其实想让学生和他们的爸爸妈妈一起答这套问卷。

学校给学生家长提供了指定的唯一的“标准”答案。所谓“按照答案”，就是“按照”这个“答案”。

既要搞调查，又规定答题人必须怎样答，这岂止是不尊重调查者，简直就是对学生及其父母智商的侮辱！

不用我再多作评论，任何有良知的人面对这份连“标准答案”都一起发给调查者的问卷，都会做出正确的评判。

这里，我还想请教该校校长三个问题——

第一，教育部利用国家监测平台如此庄重认真地搞这项调查，就是想收集真实的数据，为“双减”决策提供可靠的依据，你却组织学生和家长集体作弊。如此公开欺骗糊弄教育部，你的胆子从何而来？

第二，连教育部的调查，你都敢如此弄虚作假，那在平时的其他类似调查中，你又有哪些作弊行为呢？你向上级提交的各种材料中的那些“辉煌成果”，有多少水分？

第三，明明是你自己撒谎，却借孩子及其家长的手作假，公然组织全校学生集体作弊，让孩子认认真真地说假话，这是不是在毒害我们下一代的心灵？你想为未来的中国培养怎样的接班人呢？

不要说我“上纲上线”，你之所为，本就在“纲”在“线”，何须我“上”？

不知道这所学校的墙上有没有写着陶行知的名言：“千教万教教人求真，千学万学学做真人。”即使没有，校长一定知道这句话。校长啊，就算你不想“求真”，可至少不应该做假人啊！退一步说，你不想做真人也就罢了，但你不能教学生和你一样做假人啊！

但愿在全国，有这样集体作弊行为的学校仅此一家。

否则，就太可怕了！不堪设想。

2022 年 1 月 16 日

让教育恢复诚实本色

如我所料，昨天“镇西茶馆”一篇关于学校作弊的文章在网上引起了强烈反响。后台留言近千条，因为留言太多，我无法一一发出，但所有留言，无一不是在对这种“反教育”行为予以谴责。

在留言中，有人说：“这种情况非常普遍。”“类似作弊是学校的常态。”甚至有的老师说：“没有一个学校不是这样操作的！”是这样的吗？我承认，凭我的感觉，这样的做法的确不是个别现象，但要说所有学校都如此，我无法下这个结论。因为说话要凭证据，有的证据还要凭数据——通过调查得来的大数据。

现实中往往有这种情况：消极、负面的消息总是容易暴露并流传开来，而积极、正面的消息则往往处于无闻状态。比如这次西安疫情，的确暴露出有关部门的管理存在严重问题，网上的相关批评文章不断地被转发，我认为这是应该的。但如果由此而得出结论，说西安绝大多数市民在疫情下都生活得很悲惨，这也不是事实。我通过微信一一询问了我在西安的几十个朋友，答复是一致的：“除了不能出家门，其他都很正常。”然而，很少有生活正常的市民在网上发文。

当然，我必须指出，哪怕西安有一个市民因疫情而面临生活困难乃至生命危险，都是政府部门的失职，因为时代的一粒灰尘落在一个人的头上，的确就是一座大山。也许生活困难者只占这座城市人口的百分之几，甚至百分之零点几，但对具体的生活困难者来说，就是百分之百。所以，网友为之呼吁完全应该，对有关政府部门的批评也理所应当。

今天本文不是谈疫情，而是以此为例说明：没有具体的调查，说所有学校都在“双减”调查中作弊，是缺乏说服力的。只要有一个学校站出来说“我们学校的调查是诚实的”，那么，所谓“所有学校都在作弊”之说，就站不住脚。

何况，在昨天的留言中，的确有好几个朋友说，他们所在的学校就没有规定家长必须填什么答案。虽然比起绝大多数说“我们学校也在作假”的留言，这只是少数留言，但至少证明，诚实的学校还是有的。

至于诚实的是大多数学校，还是少数学校，需要足够的数据来证实。平时饭桌上议论一下，随便说，无所谓，可一旦成文，则要遵循胡适所说：“有几分证据，说几分话。”

还有人说：“这事怎么能怪学校呢？学校也是‘背锅侠’。如果不是事关上级对学校的考核，学校也不愿意这样做啊！”

还有人说：“你怎么只敢把校长当软柿子捏？”

…………

我从教多年，也当过校长。的确，校长有时候是两头受气。上有教育局，下有教师、学生和家长，常常两头为难，但他们最终往往不是遵从教育的本心，不是服从良知，而是考虑利益——这里的“利益”还不仅仅是校长个人的升迁或其他“好处”，更多的是关于学校教师的切身利益和学校的发展。如果因为某次调查而给本校、本地区的教育“抹黑”，最后利益受损的就是学校，教师也得不到好处，校长同样也极有可能会被教师背地里戳脊梁骨。

在这种情况下，只将批评的矛头对准校长，似乎不公平。比批评校长更重要的，是呼吁改革教育局对学校的评价方式，严禁将类似考查结果与学校的荣辱得失挂钩。

但是，写文章不能凭感觉。要批评某个对象，就要有确凿的证据。就这件事而言，尽管我和许多人一样，严重怀疑真正的主导者另有他人，而学校只是执行者，但究竟是谁敢如此操作，我没有半点证据。而学校发给家长的调查问卷答案，则是铁板钉钉。我心中清楚是哪一所学校，只是为了保护信息提供者，我不能在文中明说而已。

还是胡适那句话："有几分证据，说几分话。"

我全心拥护国家的"双减"政策，同时，也希望"双减"的具体措施能够更加科学，更加符合实际，这恰恰也是此次教育部搞大型调查的初衷。如果学校在上级组织的调查中不实事求是，而是弄虚作假，教育部得不到真实的调查结果，最后受害的还是孩子们。

有人说："教育部搞这个调查为什么要通过学校？直接面向学生及其家长不就行了吗？"猛一听会觉得此话很有道理，但斟酌了一下，我觉得就操作性而言，还是存在困难。如果教育部直接将调查问卷委托给各街道社区，由它们去各家各户做调查，这样绕过学校是不是会更好？但仔细一想，如果是小范围调查，这样做是可以的；但这是面向全国所有中小学生的调查，如果不通过学校的平台，是很难采集到上千万乃至上亿的大数据的。至于"通过学校必然弄虚作假"的推论，未必能站得住脚，因为据我所知，家长这次在国家监测平台上所填的答案，根本不会流向学校。换句话说，就算学校强迫家长必须填规定的答案，但如果家长对学校"阳奉阴违"，实事求是地填写，其他人是无法看见的。从这个意义上说，学校对家长填写答案的"引导"乃至"强迫"，纯属多余，实属心虚。

我曾说过，人人都在骂教育上的弊端，但几乎人人都是教育上的弊端的制造者，至少是参与者，包括我在内。体制创新很重要，评价改革很重要，课程开发很重要……但这一切都离不开每一个具体的教育者"从我做起"的自我改善。每一个人做好自己，就是以点滴之力在推动教育改革乃至社会的进步。

让我们一起努力，让教育恢复诚信朴素的本色。

所以，我要向这次“双减”调查中所有诚实的校长表达由衷的敬意。这样的校长，或承受各种压力，却挺立担当，不但勇气可佩，而且良知可嘉！

所以，我要对这次“双减”调查中所有有作假行为的校长表达强烈的鄙视——这样的校长，或怀有难言之隐，却难辞其咎——尽管未必可耻，但是的确可怜！

2022年1月17日

住手！请别以“幽默”的名义玷污儿童纯洁的心灵

近年来，一些流行于网络的小段子，令人捧腹，也令人叫绝。我常常想，该有多高的智商，才能编出这样的段子。这些段子，内容简短，委婉含蓄，结尾往往出其不意，于轻松幽默中针砭时弊，讽刺丑恶。当然，有的段子也不是什么微言大义，不过就是让人乐一乐。在紧张匆忙的工作之余，能够读到几个轻松的段子，真的很惬意。

比如这个段子——

一纪委书记问一局长：“你最近看《大秦赋》了吗？”局长面红耳赤，半天才说：“既然组织上掌握了情况，我如实交代，但我很久没去看她了。”纪委书记说：“《大秦赋》才刚出来不久呀！”局长捶胸顿足地说：“我就知道这婆娘经不住审讯！”

我太佩服这个段子的作者了。他显然不是在评论电视剧《大秦赋》，而是借用剧名的谐音（在南方许多地方，方言中的“秦”和“情”同音）来讽刺心虚的坏官。真是妙不可言。

儿童也有儿童的幽默，比如——

一天，小朋友们在幼儿园里吃樱桃，诺诺小朋友不小心把樱桃籽咽到了肚子里，跑到办公室一脸担忧地对老师说：“老师，我把樱桃籽咽了，这可怎么办呢？它会不会在我肚子里长成一棵樱桃树？”“啊，这可怎么办呢？……”老师说“怎么办”是在想该怎么安慰小朋友。结果没等老师说完，小朋友又非常认真地说：“咦，我有办法了，从现在开始，我不喝水，不晒太阳，它肯定就长不出来啰！”说完，自己蹦蹦跳跳地走了。老师却忍不住“咯咯”地笑了。

这种幽默就体现了儿童特有的思维。

所谓“幽默”，其实是一种人为的机智。当然，这里的“人为”有时候也是人们的即兴发挥，但总归是一种成人的语言表达。而对绝大多数孩子来说，我们看到的他们的“幽默”，其实是无意中表现出的纯真。虽然也很幼稚，但幼稚正是儿童之美不可或缺的组成部分。

然而，当成人将自己的幽默强加给孩子，就有点变味儿了。

我常常在网上看到一些据说是小学生写的搞笑作文，这些作文都很短，的确搞笑，再配上教师“画龙点睛”的评语，真的是很好的段子。凭我几十年语文教学的经验，我能够判断出有些作文的确是孩子所写，因为儿童自有其纯真无邪的奇思妙想，这些特有的“孩子气”是大人很难模仿的。

比如《打架》——

今天，爸爸的网友紫日阿姨和她的儿子大源来我们家玩，妈妈告诉我不许打架。妈妈呀，大源那么胖，即使我想打，我敢吗？大人有时真天真啊！

有的文字还表达了儿童特有的感情，无意中折射出家庭教育和学校教育的弊端。

比如《委屈》——

爸爸昨晚喝多了，被妈妈数落：“你说你这一天天的，除了喝还是喝，你还能干啥？咋不喝死你？”我看不过去，说了句：“我外公每天也喝酒，你咋不说我外公喝死呢？”啪！妈妈给了我一耳光，说：“那是我爸！”我忍着眼泪说：“那这个也是我爸啊！”

又如《理想》——

> 我一直有个理想，就是当校长。因为如果我当了校长，学校的一切都是我说了算。我要天天给老师安排好多好多的作业，叫老师和我们一样写到晚上八点多！

但更多的作文，一看就是成人写的，口气虽然是孩子的，但内容全是成人的所思所想。这些所谓“搞笑的小学生作文”，基本上都是成人精神世界的表现。

最近，我读了几篇“小学生作文”，一看就是成人之作，且不说几篇作文都是同一个孩子的字迹——一看就是成人写好后让孩子抄的，文后的评语也是同一个“老师”的字迹（作假也太“不专业”了），而且内容绝对不是孩子的真实想法。我很难受，仿佛看到成人用手握着孩子的手，写下了不堪的文字。

比如，有一篇的大概内容是：一个小学霸的成绩一直都很稳定，并且是班级里的第一名，可是却在此前的一次期中考试中考了第二名。面对这种情况，孩子的爸爸便找孩子谈话，问他是否成绩退步了。孩子却说没有，是故意让班上第二名考第一名的，因为觉得这样更划算。听到这里，爸爸是一头雾水：怎么故意考第二名还与“划算”挂钩了？原来，这个孩子考第一名，自己的爸爸只奖励 100 元；但是，如果原来班上的第二名考上第一名，他爸爸就会奖励 1000 元，并且会分给自己一半。据说网友们看完后纷纷表示佩服——不愧为学霸，太有头脑了。老师的评语居然是：“孺子可教，可造之才！”

可能有读者说：“李老师不了解现在的孩子，他们可了不得啊！远不是你想的那么单纯了。”我当然不否认孩子中有如此心机的早熟者，但绝大多数孩子不会是这样的。

我还曾读到“20 年后，我带着老婆环游世界，遇到一个浑身恶臭、满脸污秽的老太太，天啊，她竟然是我 20 年前的语文老师”这样的“小学生作文”。

还有诸如“我的理想是长大后抢银行”之类的文字，还有“小学生”在作文中要介绍自己的爸爸给老师做男朋友……

这样的“小学生作文”有几分真实？

更有甚者，竟然以孩子的口吻亵渎灿烂的古代诗歌。比如，一个“孩子”这样分析李白的《静夜思》——

> 一个叫明月的姑娘，在李白面前脱了个精光，她的皮肤就像地上的霜一样白，李白抬头看着明月姑娘，低头却想起了远在故乡的老婆。这首诗充分地体现了李白在他乡嫖妓时的矛盾心理。

孩子在一笔一画地抄着这样的文字时，是怎样的感受？我实在无法想象！

将如此肮脏的文字，强加于孩子纯洁的心灵中，而且还要以“孩子”的名义发出来——这个“创作者”的内心该有多么龌龊！

不是说成人不能以孩子的口吻进行创作，许多童诗不就是成人用儿童化的文字写成的吗？更不用说许多脍炙人口的童话了。这些作品在孩子的心中洒下了金色的阳光，播下了芬芳的种子。

但我上文所举的所谓“小学生作文”，则是某些成人制造的心灵毒品。

应该说，我们还是很重视孩子的，可以说每一个家庭都将孩子的健康成长视为第一重要的大事。但说到“让孩子健康成长”，我们更多的是为孩子的身体健康提供保障，减轻孩子的课业负担，保证睡眠，等等，却忽视了社会环境有可能对孩子造成的精神伤害。

我想到了百年前鲁迅先生的呐喊：“救救孩子！”

我想到了当代著名学者杨东平的呼吁：“请善待我们的孩子，他们的名字叫未来！”

2021年2月15日

说说全红婵和陈清晨

仿佛一夜之间，全世界都被那个叫“全红婵”的小姑娘惊呆了——起跳凌空飞舞，空中轻盈潇洒，入水涟漪微颤。她以近乎满分的成绩，不仅夺冠，而且打破了世界纪录。有人说：她不是来比赛的，是来做示范的。

她一下子就成了全中国人民都疼爱的孩子。

人人爱她天真无邪的“萌萌哒”。她脱口而出的话语，因为没有半点成人化的矫饰，而令人喜欢——

在外工作的哥哥问她要什么奖励，她不假思索地说：“一个小卖部。”因为这样她就可以每天都有零食吃了。

记者问她：“你性格是什么样的？”

她天真无邪地问：“杏哥是谁呀？”

她还大大咧咧地告诉记者：“小时候我读书就比较差。”

记者问她怎么才能够跳出近乎满分的成绩，她回答：“练的，慢慢一直练。”

就这么简单，没有一句“宝剑锋从磨砺出，梅花香自苦寒来”之类的豪言壮语。

紧接着，她哽咽地说：“我妈妈生病了，可是我不知道那个字怎么读，不知道她得的是什么病。我很想赚钱，回去给她治病，赚很多钱，治好她……”

没有成套的“感谢体”，直接说想赚很多钱，给妈妈治病，我在心疼她小小年纪就背负着本不应该有的沉重的同时，感觉她有一种天真、纯真和率真的美。

可以说，我最早是因为全红婵的这些言语而喜欢上了这个孩子。

这么懂事的孩子，是哪个学校教的啊？

我知道这个问题是伪问题，因为她不但如她所说“小时候读书就比较差”，而且很早就进了训练队，接受的正规学校的教育不多。和同龄人比，她接受的“教育”少：一个字抄多少遍啊，不停地考试啊，背诵、默写许多自己都不懂的话呀，接受“主题正确”“立意高远”的作文指导和演讲训练……

当然，我也想到了她的家庭。我没有得到她父母的相关信息，但作为全村 38 家低保户之一，她的家庭条件不会太好，父母的文化程度也不会很高，所以她的父母不可能懂得什么家庭教育理论。如果放在城里的高知家庭，父母说不定就会写一本畅销书——《我这样培养世界冠军》。然而，至少全红婵的父母在日常生活中自然而然呈现出的善良、勤劳和坚忍，给了小小的全红婵最好的家庭教育，这是她对训练的渴望比队里其他人都强烈的原因，也是她舍不得在自己身上花钱，却一心想着赢了奖金寄回去给妈妈治病的原因。

行文至此，我得到最新消息：全红婵夺冠后，家乡麻章镇迈合村成了热门地点。父亲全文茂接受采访时表示，为了不影响女儿比赛，没有告知女儿妻子的伤情，听到她说想挣钱给母亲治病时觉得很感动，女儿成熟了很多。对于网传企业捐赠房子、20 万元现金的事情，全爸爸说心意收到了，但没接受捐赠，希望大家不要来打扰，也不要来家中打卡，以免影响双方生活。

生长环境和父母的言行，给了全红婵最好的家庭教育，她身上最质朴的品质没有被通常意义上的“教育”所玷污。于是，全红婵就一直是全红婵。

同样因言语而让我关注的，还有东京奥运赛场上的中国女子羽毛球名将陈清晨。

在对阵韩国队的那场比赛中，赢球后的陈清晨忍不住爆粗发泄，真是“神女应无恙，当惊世界殊”。面对世界的愕然，陈清晨事后模棱两可地解释说：

“发音不太好让大家误会了。”可是，究竟是什么“发音”，她却不说。但有高清录像在，她那一连串的粗话连同她那枚银牌而载入了奥运史册。她在为中国赢得奥运亚军的同时，祖国因她而脸红，中华文明因此而蒙羞！

鲁迅曾写过《论“他妈的！”》，将“他妈的”定义为“国骂”——

> 无论是谁，只要在中国过活，便总得常听到“他妈的”或其相类的口头禅。我想：这话的分布，大概就跟着中国人足迹之所至罢；使用的遍数，怕也未必比客气的“您好呀”会更少。假使依或人所说，牡丹是中国的“国花”，那么，这就可以算是中国的“国骂”了。

这篇写于1925年7月的杂文，距今已有96年。国骂显然也在不断“发展”和“创新”，出现了许多升级版。

我想追问的是，陈清晨的“国骂”升级版是哪个学校教的？

这显然也是一个伪问题。没有哪个学校会教学生说脏话，难道陈清晨的“国骂”是和她的运动天赋一样与生俱来的吗？

当然不是。

一个人的成长离不开学校教育、家庭教育和社会教育。既然不是学校教的，那难道是家庭教育的“成果”？显然也不是。哪个父母会教自己的孩子开口闭口说粗话？尤其还是女孩子，更不可能。

那就只剩下一种可能，是“社会教育”的影响。

以前说“社会教育”，我总觉得很空，既没教室也没教材，更没教师，这“社会”怎么“教育”呢？后来我越来越明白，整个文化环境，就是“社会教育”；所有人际关系，就是“社会教育”；一切传播媒介，就是“社会教育”。

前段时间，某“塌房”艺人的粉丝做出的许多狂热举动，既不能怪学校，也很难怪家庭，更多的责任在于社会环境潜移默化的影响。

还是回到“国骂”。在鲁迅那篇著名的《论“他妈的！”》中，先生精心考证了“国骂”的来历，意在揭露封建的门阀制度，深挖出“国骂”背后深层的社会问题。先生还围绕着这一话题，归纳了中国人的骂人方式，梳理了“国骂”的悠久历史，并总结了其形成的原因，对这一普遍存在的现象进行了讽喻。文末，先生写道——

> 我曾在家乡看见乡农父子一同午饭，儿子指一碗菜向他父亲说：“这不坏，妈的你尝尝看！”那父亲回答道：“我不要吃。妈的你吃去罢！”则简直已经醇化为现在时行的“我的亲爱的”的意思了。

鲁迅文字再次表现出辛辣讽刺的力度：骂人的话，居然深入民间百姓生活，变成了表示惊异或叹服的口头禅——“国骂”真是源远流长，生生不息。

近百年后，各种升级版的“国骂”已经遍布中国社会的每一个角落。我特别敬佩的一位美术大师，在发表对社会的精辟见解时，经常冒出一句粗话，让我感觉仿佛在享受美味大餐时猝不及防地吃了一只苍蝇；我还不止一次在接受采访时，听年轻美丽的女记者说粗话而毫不脸红；更不用说数不清的年轻人，特别是姑娘们，经常用粗话来表示惊叹——她们知不知道这两个字的本意啊？如果知道了，会不会羞愧得无地自容？

只能用一个理由来解释，就是鲁迅在《论“他妈的！”》一文中用乡下父子吃饭时互道粗话表达的意思：“国骂”变成了表示惊异或叹服的口头禅。人们在表达复杂的感情，如仇恨、蔑视、惊异、叹服或热爱时，总是把粗话说出来。这样，粗话又变成万能的抒情、体物、写志的专用名词了。

在这个背景下，陈清晨在国际赛场上抛出“国骂”不是很“自然”也很“正常”吗？

这就是社会教育的强大之所在。

所以，不要高估学校教育的影响力。

两人都很率真。但全红婵的率真中的清纯是不自觉地抵御了“学校教育”的结果，而陈清晨的率真中的粗野是不自觉地接受了“社会教育”的后果。

学校教育当然很重要，教师使命也很神圣，但离开了家庭教育和社会教育的配合，学校教育就什么都做不了。所以，作为教师，既不要自作多情，以为天下人才都是你教出来的，也不要大包大揽，以为所有小人、流氓、罪犯、恶魔……都要你为他们负责。

2021 年 8 月 7 日

全爸爸是家教的模范，全红婵却不是励志的榜样！

全红婵一跳成名天下知，世界对她的宠爱令人瞠目——

她的老家成了网红打卡地，各种捐赠也源源不断：有商家捐赠房子，也有商家捐赠商铺；因为小红婵喜欢吃辣条，有商家拉着横幅送了一车辣条到她家，甚至有商家直接捐 20 万元现金……

如此人间天上般的切换，如此梦幻而奇葩的“爱”，让所有善良的人都担心，红婵会不会被宠坏？

就算是红婵因为年纪小还“不懂事”而“宠辱不惊”，她的父母呢？作为当地 38 家低保户之一，从天而降的房子、商铺、现金……他们实在是太需要了！如果他们接受这些捐赠，一点儿都不违规更不违法。尽管可能会有一些舆论上的压力，但实实在在的物质，让生活困难者很难抵御其诱惑。

但全红婵的父母做到了。

“不能消费全红婵的荣誉，”全红婵的爸爸全文茂说，“荣誉是我女儿的，不是我应该收的。”

全文茂还表示，女儿夺得奥运冠军对于自己来说没有什么影响，自己现在还是在忙农活儿。“变化也没什么变化，都是干农活儿的。我每天都不在家，在地里干农活儿呢。”

我完全赞同《新京报》对全红婵父母的评论：“面对奔涌而来的流量浊流，他们如一股清泉，泾渭分明，清清白白。”

前几天，我在一篇关于全红婵的文章中，曾推测她的家庭教育：至少全红婵的父母在日常生活中自然而然呈现出的善良、勤劳和坚忍，给了小小的全红婵最好的家庭教育，这是她对训练的渴望比队里其他人都强烈的原因，也是她舍不得在自己身上花钱，却一心想着赢了奖金寄回去给妈妈治病的原因。

现在，全红婵父母的言行，再次证明了一个最朴素的真理：所谓好的家庭教育，不是父母的文凭、地位和财富，而是父母的人格。父母善良、正直、勤劳、坚忍，是孩子最好的榜样。

许多人纷纷点赞："好善良的一家人！生活困难还能抵御送上门来的物质诱惑。三观太正了，怪不得培养出那么优秀的孩子！"

真正的家教，不是家庭教学，而是家庭教育，而家庭教育首先是父母言行的感染。可以毫不夸张地说，红婵的爸爸妈妈是家教中的典范！

全红婵似乎是不幸的，因为她生活在一个贫寒的家庭；但她又是幸运的，她有着这么好的父母。当然，她最大的幸运是她拥有跳水运动所需要的天赋。正是这份幸运，使她一跳成名天下知，荣华富贵滚滚来。虽然她的家庭拒绝了来自社会的"荣华富贵"，但作为一名奥运冠军，无论是全红婵，还是她的家庭，从此将告别贫困，过上幸福的小康生活。这是毫无疑问的，也是应该的。

问题是，在我国，还有太多的孩子有着和全红婵一样的幸运——有纯朴、善良、勤劳的爸爸妈妈，却没有像她一样能让自己或整个家庭脱离贫寒的能力，因为这些孩子并没有拥有全红婵独有的幸运——跳水运动天赋。当我们把宠爱的目光投向奥运冠军全红婵时，我们是不是也应该关心一下更多的没有运动天赋，乃至没有任何特殊天赋的普通孩子？

也许已经有一些教师和家长把全红婵作为教育素材，去开导孩子："全红婵的成功在于她不停地'练'！"但常识告诉我们，没有那 1% 的天赋，99% 的汗水只能是"奔流到海不复回"，连朵浪花都不会留下。

所以，全红婵并非励志的榜样。

因为全红婵的天才是偶然的，而大部分孩子的普通是必然的。他们——特别是他们当中那些和全红婵一样出身于“低保户”的孩子，理应得到关注与关爱。

这份关爱当然首先应该来自政府，但也该来自社会各界，包括我——我想，所谓“38 家低保户”估计是沿用的习惯性称呼，随着我国全面小康社会的建成，“低保户”应该成为一个历史概念。但富裕是一个相对的概念，不那么富裕的家庭和孩子，是一个长期的存在。可以想象，同样想吃“辣条”却不能如愿的孩子，一定不只有全红婵。如何让更多的孩子能吃上“辣条”，是不是也该成为社会各界的关注点？

我看到《人民日报》公众号上的一篇文章《全红婵没去过游乐园动物园？安排了！还有梦幻联动……》，说的是因为全红婵面对记者时说的一句“没去过游乐园、动物园”，山东、广西、河北、四川等省区的文旅部门都向这个幸运的小姑娘伸出了热情的手，邀请全红婵去玩。那些滚烫的文字，隔着手机也感觉如沐春风：“你是祖国的奥运冠军，也是我们 14 岁的可爱妹妹，我们热爱在跳台上冷静沉着的你，更心疼缺少童年娱乐的你。”

我在感动的同时，忍不住想，“缺少童年娱乐”的“可爱妹妹”不只有全红婵一个啊！都是“祖国的花朵”，为什么不能都被“心疼”一番呢？现在我国已经是世界第二大经济体了，国家已经富起来了，全国的文旅部门能不能统一规定：所有 14 岁以下的“可爱妹妹”“可爱弟弟”都能在节假日免费进游乐场和动物园享受一番呢？

宠爱全红婵没有错，因为她值得宠爱。但我们还应该宠爱更多的不可能像全红婵那样得冠军，却像她一样想赚钱给妈妈治病、没去过但很想去游乐场和动物园玩的孩子们……

他们不一样是“祖国的花朵”吗？

2021 年 8 月 10 日

如此造谣抹黑老师，居心何在?

最近看了一个视频号推出的短视频，时间只有33秒，标题是:“请考倒数第一名的学生的家长上台讲话，家长不卑不亢三句话让老师脸红。”

内容是这样的——

在一个班级的家长会上，老师说:“下面有请我们班最差的学生，也就是成绩倒数第一名的学生的家长上台讲话!”

一个中年男子走上了台，他说:“感谢老师用这样的开场白把我邀请上台。第一，我的孩子有名字，他不叫倒数第一。第二，如果一个老师有能力提高所有孩子的成绩，那么即使他是倒数第一名，也不是差生，更不是最差的学生。第三，我的孩子只是成绩不好，并不是十恶不赦，他需要的是来自父母和老师的鼓励，而不是将他作为反面教材来进行宣传。讲完了。”

初看这个33秒钟的短视频，很容易产生共鸣:是呀，怎么能这样对待成绩差的学生呢?即使孩子成绩不好，老师帮孩子分析原因、找出问题、鼓励进步，就可以了呀!为什么要在家长会上公开批评呢?

更恶劣的是，老师居然还当着全体家长的面，让孩子的父亲上台，称呼居然是“成绩倒数第一名的学生的家长”!这无异于当众羞辱家长。这样的老师，真的是“十恶不赦”。

但当了几十年老师的我，却总感觉这视频哪里不对。

一般来说，就算个别教师师德低下，他也不会甚至不敢这样当众羞辱家长——我说的是“一般来说”。如果有人非要说他就遇到过这样的教师，那我只能说，任何规律都有特例，但极端的个别现象并不能用来说明普遍存在。

总之，以我的经验，不，以绝大多数教师的经验，这种情况不太可能出现。

即使这名家长遇到特例了，他就那么“巧”地遇上了可能只占万分之一的这样的教师，公开把他称作“成绩倒数第一名的学生的家长”，把他叫上台，他能或者说他敢这样公开怼这个教师吗？

一般不会。因为孩子在这个班上，家长得有所顾忌，他多半会忍气吞声。怎么可能这样理直气壮，在大庭广众之下义正词严呢？

除非他豁出去了，开完家长会就让孩子转学，永远不踏进这所学校。

可能又有人会说：“您说的是‘一般不会’，但不能排除个别时候有这样的情况啊！”

我再说一遍，即使有个别这样的情况，你能够将个别视为普遍，而将这个视频传播开来吗？让大家都以为学校大多数教师素质都是这样低，这不是误导大众吗？

我说一般不可能有这样的情况，可人家有视频为证啊！

于是，我又把视频看了一遍，看得很仔细。

结果发现，这视频是假的！

首先，这个所谓“家长会”的现场，是一个豪华的会议厅。一般的家长会是不可能在这样的场合开的。

其次，全场红色的靠椅上整整齐齐地坐满了与会者，中间还有录像设备。主席台上坐着一排领导，明显不像家长会。这场面更像是庄严的党政会议，或企业的什么重要会议。

再次，下面整整齐齐坐着的“家长”估计有上百人，而就算是大班，学生人数也不会超过一百人。即使现在有学校能开容纳一百多人的班，也不会有这么豪华的会议厅。

最后，视频声音有两个问题：一是教师的声音是画外音，也就是说，视频里并没有教师的形象；二是教师的声音和那个说“成绩倒数第一名的学生的家长”的声音完全一样。

原来是配音！而且配得很拙劣，“家长”的每一句话和他的口型都对不上！

这完全是一个假视频。估计是什么企业产品发布会的录像资料，制作者截取了其中一段，然后杜撰了一段抹黑教师的话，配上音，就编造了这么一部情景剧。

我在想，这个人对教师得有多大的仇恨啊！

我说的“这个人”不是视频中的那位“家长”，而是这个视频的编造者。那个“家长”是无辜的，他可能都还不知道，自己在某次会议上的演讲，被人利用了。

我当然知道，目前，我们的学校里的确有个别素质低劣、师德低下的教师，不尊重学生，不尊重家长，有时候说话很刻薄。有的教师还很势利，以成绩好坏和家庭背景来决定与学生的亲疏。我多次写文章批评过这种现象，虽然有这种做法的教师只是极少数，但我们依然不能容忍其存在。

然而，如此编假情节、做伪视频，还发在网上任其大肆传播，就是公然造谣了。

截至我写这篇短文时，该视频号的这个假视频已被转发 1.3 万次，获点赞 3.8 万个，有留言 788 条——大多数留言都是为这个“家长”点赞。

我本来想在自己的这篇文章中做个链接，给大家看看这个假视频，但想了想，此人正是抓住人们的仇师心理，想以此博人眼球、吸引流量，我就不给他这个机会了！

我曾写过一篇短文《为什么有的教师听不得批评》，说教师队伍中的不良现象需要批评，也需要社会监督，当教师的应该有能接受批评的气度和胸襟。

尤其是经验不足的年轻教师，他们可能会犯这样或那样的错误，包括对学生及其家长不够尊重。我们应该引导他们，让他们逐步成长起来。这才是善意且引人向上的批评和帮助。

但这种通过造假来抹黑教师的做法，不是批评，而是污蔑！不是帮助，而是诋毁！

我想问问这个视频编造者：

你为什么要这样污蔑和诋毁教师？

你为什么如此仇恨教师？

你的心理为何如此阴暗？

流量至上，就可以罔顾道德吗？

2022 年 2 月 26 日

“蛋蛋”的忧伤

最近，“熟鸡蛋返生孵小鸡”成了热搜。如此违反科学常识的论文居然堂而皇之地被发表，让人目瞪口呆。

刚好这几天我正在看电视剧《觉醒年代》，看完后，从百年前回到今天的现实，我不由得产生了“蛋蛋”的忧伤：一个多世纪过去了，陈独秀当年所呼唤的赛先生（科学），依然没在中国真正站稳脚跟。

河南省某职业培训学校校长郭花平（又名郭萍）在论文中表达的几个互相矛盾的表态也很有意思。她先是在论文里说：“学生运用超心理意识能量方法让熟鸡蛋返生。”后来又辩解：“我不知道原理，我只知道结果。”

郭花平啊郭花平，你真是把科学当“花瓶”了！你以为严谨、严肃的科学，可以任你想怎么弄就怎么弄啊？

河南媒体《大河报》于2020年10月曾刊文介绍，郭花平是国家二级心理咨询师，国家二级企业培训师，河南省科技咨询专家，是中国科学管理学院学术委员会心脑教育研究中心副主任、心脑教育研究课题组副组长，北京正兴军民融合中心培训部副部长，北京相对论研究联谊会副理事长、河南站站长，国际华人超心理学会中国分会秘书长、华中分会会长，钱学森教育思想研究院研究员，河南省妇联、河南电视台“枫调豫顺”百人专家团专家，河南省民办教育研究会职业教育专业委员会副理事长，郑州大学省直校友会副秘书长，郑州市春霖心脑教育实验室主任。另外，郭花平曾先后获得了“民进郑州大学委员会先进个人”“郑州大学省直校友会先进个人”“河南省民办教育先进个人”“河南省首届民办教育优秀教师”“河南省民办教育行业特色办学先进个人”等荣誉称号。

这些头衔都应该是极具科学含量的：“心理咨询”“科技咨询”“心脑教育”“钱学森教育思想”……可从“熟蛋返生”的“论文”看，她有半点科学常识吗？

这个花平校长，还真是个“花瓶”校长呢！这个曾荣获“优秀教师”称号的花平老师，也只是个“花瓶”老师！

后来，花平校长面对央视新闻的镜头伤心地说，自己长这么大从来没有说过假话，可能大家认为她发表的论文不够严谨，但是她这只是把自己30多年前发现的（实验）现象，又重新做了一遍而已。“我几十岁的人了，我能撒谎吗？”

我搞不懂花平校长的逻辑：这还不叫“撒谎”吗？

花平校长在主动联系央视记者后，还表示这篇论文并不是由她亲自完成的，而是由朋友代笔写成。花平校长称，因为她之前也发表过一些东西，所以经常会有人打电话，问她要不要发表论文。《写真地理》当时也找到她，问要不要发表论文，她本来不打算发表，但是对方表示收费很便宜。她一想就六七百块钱，于是就发表了。

我还是不懂：既然你不打算发表，那你为什么要请人写？写了不发表，你想用这论文干什么呢？打算“藏诸名山，传之其人”？

不过，我的眼睛在这十几个字上久久停留：经常会有人打电话，问她要不要发表论文。我关心的是，究竟是哪些人经常打电话问别人要不要发表论文？急人之所急，他们是“活雷锋”吗？

这正是我从“熟蛋孵鸡”论文的背后，看到并想弄清楚的问题。

巧的是，以前做校长时，我也经常接到这样的电话，问我要不要发表文章，说版面费很便宜。也就是从那时候起，我才知道某些杂志发表文章有“版面费”一说。

他们当然不是学雷锋，做好事，而是有利可图，看准了市场需求。花平校长发表假论文的杂志收费就六七百块钱，算是有“良心”的。据我所知，还有不少杂志，版面费恐怕是六七千元，甚至上万元。

诱发利欲、助长造假、玷污学术、败坏风气……这样的杂志早就该被取缔了！为何至今还生生不息？

当然，版面费的背后还有一个原因，就是以论文为尺度的评价标准。学校过度强调教师的论文数量和发表刊物的级别，有的教师只好破费钱财发表“论文”，为无良刊物提供源源不断的“不义之财”。

当然，花平校长是不是“被逼”写假论文并有偿发表，我不好说。但根据她自己的说法，本来不打算发表，但是对方表示收费很便宜，就六七百块钱，于是就发表了，她似乎没有到“被逼”的程度。

但无论如何，过分强调论文发表数量的评价制度应该改革了；而靠发表质量低劣，甚至内容虚假的“论文”赚钱的无良刊物，应该被取缔！

还等啥呢？

2021 年 4 月 29 日

“教材插图事件”不能把板子打在一线教师身上

不是说一线教师就不能批评，我就写过不少批评一线教师的文章，得罪了一些一线教师。我认为，就像任何专家都并不享有被批评的豁免权一样，一线教师同样不能说可以免除被批评。任何人——我再次强调是任何人，都不敢说自己十全十美。错了就该被批评，套用一句老话，叫“批评面前，人人平等”。

有了这个前提，我今天的话才好继续往下说。

这次的教材插图事件真的不能怪一线教师。

人教版数学教材的插图事件闹得沸沸扬扬，其中有人把追责的矛头对准了使用教材的一线教师：

“教材用了这么多年，为什么居然没有一个教师发现插图的问题？如果发现了，为什么不及时向上反映？”

“教材插图折射出来的，绝不只是教材插图的问题，而是一线教师盲目崇拜权威、迷信书本、缺乏独立思考能力、‘明哲保身’等问题。”

“教师不可能每天都审查教材，但教师每天都在用教材。如果每一位使用教材的教师都能有一双明辨真伪是非的火眼金睛，丑插图之类的事件还会发生吗？”

…………

这些义愤填膺的评论，是我随手在网上摘抄的。

有三个问题要弄清楚——

第一，出现了问题，首先是追究问题出现的“源头”，还是到“下游”去找替罪羊？

出现了毒奶粉，首先不是抓毒奶粉的制造者，却责怪毒奶粉的受害者未提高警惕；公交车上被偷了钱包，不去抓小偷，却批评被偷者太粗心大意……当然，严格说起来，教材问题和毒奶粉、小偷盗窃并非完全相同，但遇到问题不找关键责任人却甩锅受害者，其逻辑如出一辙。

不是一线教师迷信权威，而是教材本身就具有相当大的权威性。教材体现了国家意志，参与编写者都是国家顶级专家，更何况教材中的插图也不是谁想画就能画的。这些事情，岂是一线教师所能干预和左右的？现在出了问题，却怪一线教师，还有天理吗？

第二，一线教师的使命，是忠实地使用教材，还是整天审查教材？

上级说了，学生使用的教材，尤其是人教社的统编教材，代表了国家意志，是权威而神圣的。作为中小学各学科的教师，最重要的任务是理解、领会教材，研究、琢磨教材，然后将相关专业知识传授给学生。无论备课还是授课，教师头脑中绷得最紧的弦，是如何才能吃透教材、讲透教材。我认为这才是一个教师对待教材应有的正确态度。

否则，一个教师不好好钻研教材，而是睁大眼睛寻找教材中有什么问题，这不是本末倒置吗？设想一下，一个数学教师备课时，不潜心研究每一个知识点，包括每一道例题，却在那里审查教材上的插图美不美、合适不合适，这样的教师岂不滑稽？

第三，一线教师如果发现了教材问题，他向谁反映？他的反映有用吗？

不是说专家编写的教材就无懈可击，不是的，任何出版物都不可能十全十美，出现问题也难免。人们能做到的，是尽量少出错，或者说出了错及时纠正。为什么教材每隔一段时间就会修订，就是这个原因。

一线教师也不是不能主动发现问题，但这种发现不是专门的审查，而应该是在使用教材的过程中自然而然地感到不对劲，然后琢磨，越琢磨越觉得哪里有问题。在我从教的几十年中，从初一到高三，我就曾不止一次（当然不是经常）发现教材上的问题，我的学生也发现过。虽然这些问题只是极少数，但确实值得引起注意。

可是，一线教师发现了问题该向谁反映呢？记得 20 世纪 80 年代，我的学生发现了都德的《最后一课》的插图明显不符合小说里的描写，我便鼓励学生给人教社写建议信。可是，信寄出去以后，一直没有消息。我现在已经退休七年了，算起来建议信寄出去也快 40 年了，仍没收到反馈。

然而，现在有人却责怪一线教师："天天用教材，为什么没发现？发现了为什么不向上反映？"这公平吗？

耐人寻味的是，因教材插图事件而责怪教师的评论者，有不少正是一线教师。这我就百思不得其解了。

2022 年 6 月 5 日

我认可教育部对教材插图问题的处理

8 月 22 日，教育部发布了《教育部关于人民教育出版社小学数学教材插图问题的调查处理通报》，有关人员受到了相应的处理，共 27 人被问责。

我仔细看了这个通报，所查出的问题与我以前的分析大致一致：第一，不美观向上；第二，不严肃规范；第三，不细致准确。无利益输送。有关人员被问责和处分，也是咎由自取。

我认为，这个调查处理通报是实事求是的，是严肃而有分寸的。

但我看到不少网友很是不满，他们觉得“处理得太轻”“没有抓住要害问题”等。

是呀，如果对比前段时间围绕教材插图事件而引发的沸腾舆论，这个调查处理通报，当然不会让一些人满意。什么舆论呢？就是一口认定（不需要调查，更不需要证据），这是西方反华势力安插在人教社乃至教育部内部的人所为，是一大批“潜伏”在中国的“文化奸细”蓄谋已久的行动，中国的教育部门乃至意识形态部门已经“被西方敌对势力收买”。甚至有个别网友在“镇西茶馆”后台留言说，40 年来，西方反华势力已经渗透到了中国的教育界、文化界，教材插图事件不过是冰山之一角。

这些看似敏锐的思想触觉，让我好像回到了 1965 年，那时候广播里天天都在播放这样那样的新闻，大意是说我们的党内、政府内已经混进了大批特务，赫鲁晓夫正睡在我们身旁……这就是发动“文革”最有力的理由。“文革”爆发后，堂堂国家主席刘少奇，曾经为新中国出生入死的开国元勋，被打成“大叛徒、大内奸、大工贼”，其夫人被打成“美蒋特务”……当然，这一切后来证明都是子虚乌有，“文革”结束后，他们都一一被平反昭雪。

无论是20世纪60年代，还是当代，文化界、教育界当然有问题——问题永远都会有，但这些问题是不是就是“国际阶级斗争的交锋”？是不是就是“意识形态领域的你死我活的斗争”？

对这次教材插图事件，有人就是希望能够“挖出”一批“潜伏”在人教社的“汉奸”，结果一个都没有。他们的失望可想而知。尤其是看到“无利益输送”的通报，更是想不通——不是已经“被西方敌对势力收买”了吗？怎么可能“无利益输送”？

不知从什么时候开始，被党的十一届三中全会所摒弃的极“左”的“以阶级斗争为纲”的思想，又回到了一些人的头脑里，他们随时都在捕捉阶级斗争新动向，简直到了风声鹤唳、草木皆兵的地步了。

“镇西茶馆”一些读者的奇葩思维让我目瞪口呆，只要有人说西方（含日本）教育的可取之处，就是“美狗”“日杂”，就是“被西方洗脑”了。如果实事求是地说了几句发达国家值得我们学习的言论，那直接就骂：“汉奸，你怎么不去美国呢？”

就在前天，我转发了一篇文章，谈日本的科技发明，结果有“爱国者”愤怒不已：“日本方方面面都发达，核废水怎么不提一下呢？”

真是神逻辑！

如果这些人都是教师，我真同情他们的学生，真为孩子们的未来担心。

我赞成当年改革开放之初党的判断：阶级斗争并没有结束，它还在一定范围内存在，但不是我们国家的主要矛盾，我们的工作重心应该由“以阶级斗争为纲”转移到“以经济建设为中心”。正因为有了这么一个伟大的转折，才有了改革开放的伟大历程，中国才有了今天的强大。

有些人刚吃了几天饱饭，就又开始怀念充满“阶级斗争”的“火红年代”，不是糊涂，就是无耻。

当然，就全球范围内看，中国目前依然面临着十分复杂，甚至充满威胁的国际环境。我们应随时提高警惕，这是每一个热爱中华人民共和国的公民必备的觉悟。我们党的“一个中心、两个基本点”，即以经济建设为中心，坚持四项基本原则，坚持改革开放。如果放弃改革开放的道路，又回到“以阶级斗争为纲”的时代，只能把中国引向死胡同。正如当年邓小平所说：“不坚持社会主义，不改革开放，不发展经济，不改善人民生活，只能是死路一条。”

所以，我认可教育部的调查处理通报。有事说事，有多大事说多大事，不轻易放过谁，但也不无限上纲上线，该怎么处理就怎么处理。这就是实事求是。

至于有人不服，觉得这个调查不公正，那请你拿出有说服力的证据。

写到这里，我不禁再次想到了 1992 年——距今已整整 30 年——邓小平同志南方谈话时的忠告：“要警惕右，但主要是防止‘左’。”

2022 年 8 月 23 日

你说人教社没有汉奸？请拿出证据

我在《我认可教育部对教材插图问题的处理》一文中说，教育部的调查，没有发现“汉奸”“潜伏”在人教社。我还说，如果有人认为人教社有“汉奸”或“卧底”，请拿出证据。于是，有朋友这样评论：“你说人教社没有汉奸？请拿出证据。”

看似非常雄辩，是呀，你要证明人教社没有汉奸，应该拿出证据。

但这个朋友违反了起码的法律常识：无罪推定。

无罪推定的反面，就是“有罪推定”，而不搞“有罪推定”是基本的司法原则。

请允许我摘引源自百度百科的解释——

> 无罪推定（presumption of innocence），又称为无罪类推（与有罪类推相对应），简单地说是指任何人在未经依法判决有罪之前，应视其无罪。除以上内容，无罪推定还包括：被告人不负有证明自己无罪的义务，被告人提供有利于自己的证据的行为是行使辩护权的行为，不能因为被告人没有或不能证明自己无罪而认定被告人有罪。

无罪推定原则是现代法治国家刑事司法通行的一项重要原则，是国际公约确认和保护的基本人权，也是联合国在刑事司法领域制定和推行的最低限度标准。

什么意思呢？就是在没有确凿证据的情况下，不能首先就假设，甚至认定某人有罪。也就是说，通常情况下，某人无罪是不需要任何证据的。而要认定谁有罪，才必须提供有效证据。

我说我没有杀人，这无须任何证据；你若说我杀了人，则必须提供证据。

我说我家里没有藏匿坏人，不需要任何证据；但如果你说我家里“潜伏”着坏人，则必须提供证据，否则就是诬告。

所以，说人教社没有汉奸，不需要任何证据；但如果你说人教社有汉奸，就必须提供证据。

同样，究竟有没有“利益输送”也是这个道理，不能凭感觉，而要重证据，这才是法治。

该评论者在思维逻辑上是不是有点小小的不足？

“这次 27 个责任人处罚得太轻了，应该严惩！”

说这话的人也犯了一个常识性的错误，把“错”与“罪”混淆了。

犯罪一定违法，但违法不一定是犯罪。至于是不是犯罪，不是由哪个领导说了算，也不是由哪个群众说了算，而是由法律说了算。

对这 27 个人的处理是重了还是轻了，我不评价。但有一点很明确，无论怎样重罚，他们都是犯了错误，而不是触犯了刑律。

因此，对他们的处理依据不是《中华人民共和国刑法》，而是《中国共产党问责条例》《中国共产党纪律处分条例》和《中华人民共和国公职人员政务处分法》等。

对于《中华人民共和国公职人员政务处分法》，可能有的朋友还不是太熟悉，它的目的是加强对所有行使公权力的公职人员的监督，促进公职人员依法履职、秉公用权、廉洁从政从业、坚持道德操守。

在这次教材插图事件中，相关人员犯了错误，却没有构成犯罪，因此给予党纪处分和政务处分是合理的。

凭着一腔“正气”而怒喊：“应该严惩！”这是典型的法盲。

如果一个国家靠这种“正气凛然”的“民意”来治理，将多么可怕！

“怎么能够说教材问题只是插图问题呢？怎么能说编写教材的人就没有政治上的问题呢？2016年的新疆教材事件，不就是因为教材编写团队内混进了坏人吗？”

教育部的这次调查，没有证据表明人教社混入了坏人，不等于说几年前的新疆教材事件中就没有坏人啊！或者说，你不能因为新疆教材事件中确有坏人，就一口咬定人教社也有坏人，甚至连教材编写者都有问题啊！

这种思维方式，是不是太诡异了？

不要动辄说别人极“左”，这种说法就是在压制不同意见。

我们反对极“左”分子蛮不讲理地扣大帽子、上纲上线、夸大其词，但不反对不同意见的正常争论。

何况那篇文章开头就特意声明：“欢迎争鸣，反对谩骂。”恰恰是极“左”分子才不许别人说话。

我搞不懂：这个朋友怎么会有这种令人不解的思维？

我再次强调，我这篇文章纯属就事论事，一点儿也没有对相关朋友不敬的意思。我也不认为这篇文章是小题大做，或者是格局不大，斤斤计较。且不说“镇西茶馆”相当一部分的阅读者是教师，“以其昏昏，使人昭昭”显然是不可能的，即使不是教师，作为一个理性的人，也应该有清晰的逻辑思维。

当然，我也不能说自己的思路就绝对清晰，事实上我在说话或写文章的时候也有逻辑漏洞。因此，我在剖析这些朋友的思维错误时，也是在提醒自己。

愿我们都能遵守共同的逻辑规则，与人争论，合理地表达观点。

2022年8月25日

有一种剽窃叫“天衣有缝”，有一种侵权叫“斩而不奏”

前不久，深圳某教师抄袭事件发生后，我在我的公众号上非常温和地写了一段与其说是批评不如说是提醒的文字。有的朋友还嫌我不够“旗帜鲜明”，后来我又转发了被侵权者王林博士表达很节制的批评文章，但依然有人觉得“李老师的态度让我们感到不过瘾”。

以我的文字风格，我当然可以写一篇犀利的文章。我之所以表达比较温和，是因为已经有太多的嬉笑怒骂了，我实在不想参与“群殴”。但这并不表明我可以容忍这些丑恶现象，尤其是抄袭者抄袭后还装无知、装纯真。

让我“难堪”的是，这么多年来，我的文章被抄袭太多太多次了。除了有一次发现一本《向李镇西学什么》抄袭得实在过分，而抄袭者居然理直气壮地拒不道歉，我不得不将其告上法庭并最后胜诉之外（这个句子比较长，不好意思），绝大多数时候，我都只是温和地“提醒”。因为抄袭者中有不少是我的朋友，有的还是名师，只要不是太过分，也就由他们去吧！即使有的很过分，我也尽可能与人为善，最多要求对方给我私下道个歉就算了。

举个例子。有一年，某老师“主编”（之所以对“主编”二字打引号，是因为我对有的“主编”很有看法，待会儿再说）了一本类似学习苏霍姆林斯基文集的书。我发现该书内有一篇文章全文引用了我已经发表在《河南教育》上的《今天，我们向苏霍姆林斯基学什么》一文，我无比震惊！稍微改一个标点符号，也算有一丝你自己的原创嘛！不，没有，她（后来得知是一名江苏的小学女教师）百分之百地忠实于我的原作。后来，我设法和她取得了联系，电话里她泣不成声，不停地对我说“对不起”“请原谅”。后来，我真的原谅了她，这事儿就算了。我相信，她应该不会再犯这样的错误了。

这么多年来，我还不时地收到一些朋友发给我的截图，说某专家的著作中有我的某段话，这段话他们在我的某本书中读过，还摘抄了，就问我：“是不是这个专家抄袭了你的？”这个专家是我的朋友，我只好说：“只能算英雄所见略同吧？”对方又说：“可每一个字都一样呀。”我只好继续很圆滑地说：“那就是英雄所见全同了！”搞笑的是，还曾经有一个天真的年轻人，说是我“剽窃”了别人的文章：“没想到李老师会这样！偶像崩塌了！”我哭笑不得：李逵被当作李鬼了。

但我依然没有大动干戈。不就是一篇文章吗？不就是几段文字吗？

所以，多年来，无论是素不相识的抄袭者，还是我朋友中的剽窃者，我多半选择息事宁人——但愿不是姑息养奸。

但随着社会的发展，剽窃手法也“与时俱进”了。昨天，好几个朋友发给我截图，说有一篇文章抄袭了我前几天在“镇西茶馆”上的一篇推文。那篇文章是我于2020年2月26日写的，先后三次在“镇西茶馆”上推出。

我粗略看了一下，果然，不仅主题和内容出于我的文章，连结构和语言也都是“拿来主义”的产物。

当然，那篇文章和我的文章也有两点不同：第一，他的文章比我的短，我的文章7205字，而他的文章只有2911字；第二，他的文章换了几个例子，引用了几段不同的名人语录。尽管如此，在其2911字中，有1560字抄袭了我的文章。

不过，这1560字不是“整体搬移”的，而是零散地“镶嵌”于他的文章中，东一句，西一句，面目全非。这种抄袭，现在有一种说法，叫“洗稿”。

百度百科，关于“洗稿”是这样解释的——

> “洗稿”就是对别人的原创内容进行篡改、删减，使其好像面目全非，但其实最有价值的部分还是抄袭的。

百度百科用了一个词来描述“洗稿”，叫作“移花接木”，即将别人的原创内容调整语序，换几个近义词，草草一改，标上自己的“原创”。在文章中堂而皇之地大段“洗稿”，全无自己的思想和见解；声称原创，却跟别人的文章观点、故事、逻辑全都雷同，只不过主角从张三换成了李四，“她高兴坏了”改成“她激动万分”。这些换汤不换药的表面功夫，实难“洗”掉抄袭的本质。

抄袭我的那篇推文的手法，正是标准的“洗稿”。

对方自以为将两篇文章嫁接得了无痕迹，实则“天衣有缝”。

好在我的文章读者太多，一些源于拙作的“洗稿文”很容易被我的读者识破。不过，我有点不理解，为什么“洗稿者”没想到这一点儿呢?

其实，在那篇推文中，我就已经说得很明白了，这篇文章就是为一线校长和教师写的讲稿，供他们开学后给学生讲课用。任何人把这篇稿子拿去给学生讲，哪怕你不说是我写的，都不叫侵权。或者，你把我的文章改编后给学生讲，也可以。比如这篇“洗稿文”，如果你只是给校内学生讲，一点儿问题都没有，那不算侵权。

但是，你将我的文章“改写”后发表，而且还署上自己的名字，居然还标明“原创”，这就有点过分了吧?

还有一种以“主编”为名的侵权，长期以来，也让我不太舒服。这里也顺便说说。

首先，我要声明，我不反对“主编”。在一定的主题下汇编相关的文章结集出版，这是合法的。市面上有许多严肃严谨的主编之作，同样具有学术价值。

尽管我对某些人靠“主编”出名很不以为然。想个题目，然后利用一线教师想发表文章的欲望在全国征稿，或在一些书刊中选取几篇名家文章，以“提升档次”，然后汇集成册，就成了自己的“学术成果”。但这毕竟不违法，只是走了一条学术的捷径。

问题是，要把我的文章拿去汇编，得事先征求我的同意啊！不止一次，我的某篇文章莫名其妙地被汇编进了某一本书，可我完全不知道，后来读者给我发截图，我才知道，我的某一篇已经发表过的文章，以被汇编的方式再次出版了。

就算是汇编时没跟我说，“著作”出版了应该联系我吧？也没有。如果不是我的朋友给我看了相关信息，我永远都被蒙在鼓里。

有意思的是，有的“主编”会在出版物的最后一页做这样的声明：“由于种种原因，我们无法联系上个别作者，希望作者与我们主动联系，我们将奉上样书和稿酬。”如此“声明”，只能说是自我安慰、自欺欺人。在这个互联网时代，要找个文章的作者，并不是一件非常困难的事。除非这个作者如陶行知、张伯苓等人一样已经成为历史人物。如此“斩而不奏”，发生在一些很有文化的“主编”身上，令人遗憾。

我今天依然没有点出任何侵权者的姓名，是因为我依然相信他们能够改正，我依然希望成为你们的朋友（实际上，从20世纪90年代我的文章第一次被抄袭开始，的确有的抄袭者后来成了我真诚的朋友），但我必须写这篇文章，再次温和地提醒一下所有侵权者：希望你们到此为止。

尤其是教育工作者，多想想自己的行为是否符合自己给孩子讲的那些做人的道理，千万不要让自己成为自己口中所厌恶的人。

2020年3月28日

B 不言而喻

BUYANERYU

教师的尊严，既需要教师通过自身言行来树立，也需要良好的社会环境来维护。没有教师的尊严，就没有教育的神圣。

我为“禁止教师给自己子女补课”的建议点赞喝彩

最近两天，一个建议在网络江湖上掀起了舆论热潮：

“建议教育部制定规章制度禁止教师给自己的子女补课，维护教育公平。”

我想，这个“奇葩建议者”真的那么傻吗？难道他精神失常了？否则，一个思维正常的人怎么可能提出这样荒诞的“建议”？

他能够打开笔记本电脑或使用手机上网，还要言不烦地写出这条建议，至少证明，他的精神没有错乱。

只剩下一种可能：这个“奇葩建议者”在说反话。

他有意以这种违反常理的“建议”表达对某种做法的强烈不满。

什么做法呢？我认为就是教育上的许多“一刀切”规定。

比如补课。平心而论，针对补课泛滥成灾，并隐藏着许多腐败因素的现状，教育行政部门禁止补课，从原则上说这是正确的。但学生的学习基础本来就有差异，为需要补课的孩子补课天经地义，现在“一刀切”地禁止补课，让那些确实需要补课的孩子怎么办？

比如分班。长期以来，不少学校把同年级的孩子，按照不同的“层次”分为普通班、重点班、火箭班……这的确有违教育公平。但因材施教是传统的符合学生特点的教学原则，如果对不同的孩子“一刀切”地施行同样的教学，是不是另一种不公平？当然，我理解教育行政部门的无奈，因为太多的学校正是打着因材施教的幌子，以分班的名义淘汰后进生。

比如谈心。因为教师队伍中出现过伪君子，于是有些教育局就规定：“严禁男教师单独和女学生谈心。”因为有个别男教师是伪君子，就怀疑所有男教师都是伪君子，并“一刀切”地禁止所有男教师单独和女学生谈心？这是对所有男教师的人格侮辱！

以上种种，什么逻辑？难道不奇葩吗？

公平的含义之一，恰恰是差别化对待。比如，你能说对女性的某些照顾是不公平吗？难道奥运会取消男女各项比赛而一律举行男女混合比赛才是公平的吗？又比如，对某些欠发达地区进行的政策性扶持，你能说这是不公平吗？

还是回到教育上来。如果认为上面所说的教育行政部门以维护公平的名义而搞的“一刀切”政策都是正确的，那凭什么认为建议“禁止教师给自己子女补课”就是荒诞的？

在我看来，“奇葩建议者”明明就是以逻辑上的“归谬法”反驳一些“一刀切”政策，即先假定教育行政部门的那些规定是正确的，再顺着其逻辑推出明显荒谬的结论。这和中国古代的“以子之矛攻子之盾”有异曲同工之妙，即拿对方的观点、方法来反驳对方。

而且，可喜的是，“奇葩建议者”的正话反说，果真引出了更多“建议”，虽然这些评论者大多是在嘲笑“奇葩建议者”的匪夷所思，但他们恰恰是不自觉地顺着“奇葩建议者”的“归谬法”的思路提出了更奇葩的建议——

“有人太会做饭，而我只会煮方便面，这不公平。”

“有人太有钱，这钱不能用于培养孩子，应该大家平分，以免有违公平。”

“为了绝对公平，教师只能在课堂上授课解惑，课后学生一律不准提问，教师也一律不准回答，否则有失公平，以补课论处。”

“姐姐禁止给妹妹辅导功课，不然对没有姐姐的学生不公平。”

“课堂上有人睡觉，其他人不睡觉还在坚持听课，这对睡觉的学生不公平。”

…………

这些嘲笑者可能不知道，他们在嘲笑“奇葩建议者”的同时，其实是在帮他反驳某些荒谬的“一刀切”政策啊！

你说，如此智慧的建议者，哪有半点儿“荒诞”之处？我能不为这个“奇葩建议者”点赞喝彩吗？

2021年8月5日

你为什么如此狠心？

尽管教师体罚学生的新闻已非少数，但在中国青年网上看到的这条新闻依然令我震惊——

今年3月5日，河南省平顶山市卫东区新华路小学三年级的苑同学，因为上课讲话被教信息课的常老师揪头发拎到讲台罚站，事后被查出头皮和头骨分离，经历7次穿刺手术，出血量达到1000毫升。

说实话，读到一半，我眼前便浮现出那残忍的画面……

令人发指！不忍卒读！

我在心里一遍遍地问那个常老师——

“9岁孩子，你怎么下得了手？你为什么如此狠心？”

近两个月后的5月1日，常某被刑拘。

我不知道教育行政部门最后将如何处理常某，如果不是开除，撤销其教师资格，我不服！

孩子的母亲说：“我无法原谅！”

估计有教师会苛责这位母亲：“又在逼迫学校了！”

可是，3月5日发生的事，学校没有在第一时间对涉事教师做出处理。该教师一直正常上课，事发20多天后才被停职。如果你是孩子的家长，你会怎么想，怎么做？

读完新闻，除了同情孩子，我还想到了某些所谓的“一线教师”会怎样为常老师“喊冤”。几乎成规律了——只要教师体罚学生的新闻一出，总有人以“一线教师”的身份为体罚学生者百般开脱。

我设想：也许有教师会这样“鸣不平”，我也在心里这样反驳——

“明明就是孩子上课违纪嘛！难道老师严格管理错了？”

孩子不犯错误，还叫孩子吗？犯错误的过程就是成长的过程，因为在这个过程中，教师的教育就是助推器。但教育中必要且必需的严格管理绝不包括体罚。用手揪着孩子头发把孩子拎到讲台罚站，这是严格管理？

“现在的孩子真惹不起，背后的家长惹不起！老师成弱势群体了！”

谁“弱势”？孩子不过是调皮而已，他敢去揪老师的头发吗？第二天孩子的头肿了，母亲打电话给班主任询问前一天课堂上发生的事，母亲没有任何过激行为；第三天，孩子实在忍受不了痛，母亲才带孩子去医院；后来，孩子住院了，母亲才愤然报警——这已经是事发后的第四天了。还说这样的家长“惹不起”，请问说这话的教师，如果换作你的孩子，你会忍到第四天才报警吗？你还有没有同理心？

“真同情这位教师！只有负责任的教师才会这样严格要求学生，否则多一事不如少一事……”

仿造一句话：负责，负责，有多少罪恶假汝之名以行？这个常老师以“严格管理”的名义侵犯孩子的尊严与人身安全，已经涉嫌犯人身伤害罪了。难道“只有负责的教师才会这样”？难道那些严而有度、严而有爱的教师，都是“不负责任”的教师吗？

“现在的教师越来越难当了，高危职业啊！”

如果离开了体罚就不能管理好课堂，这样的教师还算合格的教师吗？如果离开了体罚就无法正常开展教学，这样的教师应该从教师队伍中清除出去！真正的教育，就是要让师德低下的教师越来越难当，就是要让他们有所敬畏！

“如果教师收入不与学生成绩挂钩，谁愿意这样严厉啊？都是学校给逼的！制度造成的！”

从不找自己的原因，出了事就甩锅给“应试教育”的制度，责任全部推给学校——这是一些所谓“一线教师”的一贯逻辑。制度肯定是有不完美的地方，但不是什么“罪恶”都可以往里面装的。从根本上说，比制度更重要的是人的素质。“应试教育”的制度当然是需要与时俱进的，但这个制度并没有要求教师揪着违纪男孩的头发把男孩往讲台上拎！这里起决定性作用的因素，显然不是制度，而是人性！

“他是在行使必要的惩罚，只是失手了！”

我多次撰文指出，没有惩戒乃至惩罚的教育是不完整的教育，但绝不包括体罚！我知道这个观点会得罪一大批教师，但我还是坚决反对体罚。其实，明目张胆主张体罚的人越来越少了，但以惩戒为名而行体罚之实的教师却为数不少。在这件事上，常“老师”有意伤害男孩的可能性不大，也就是说，带来的严重后果并非他故意为之，从这个意义上说，他只是失手了不无道理。但他主观上应该是主张体罚的——当然，他可能用的是“惩戒”的说法——既然心里有了这个主张，行动上自然就比较放得开，孩子受伤便是必然的了。所以我一直说，教师可以用惩戒，但真正实施惩戒时必须小心翼翼，慎之又慎，最好不用；否则，惩戒极易成为某些教师体罚或变相体罚学生的堂而皇之的理由，成为某些教师肆无忌惮体罚学生的护身符。

…………

奇怪的是，为什么一旦发生了此类事件，总有一些人要站在无良教师一边，并以“教师”的名义为个别败类说好话？

不可否认的是，绝大多数教师虽然谈不上多么伟大而神圣，但至少有着起码的职业道德和良知，对孩子充满了爱心与教育智慧。类似常某这样的“教师”是无法代表广大教师的整体形象的。但正是这个别教师败坏了我们的职业形象和我们每一个教师的尊严。

可是，有人却要主动与败类为伍，并为这样的“教师”叫屈，这不但是在自觉脱离真正的人民教师队伍，而且是侮辱绝大多数一线教师！

大家还记得几年前为救学生而牺牲的李芳老师吗？无数人被她的事迹感

动得热泪盈眶。可我要说，几十上百乃至更多的“李芳”都难以挽救如今日益损坏的教师形象，而败坏教师的整体尊严，只需一个常某就够了。

因为常某的出现，社会对教师的差评会更多。别说人家以偏概全，社会舆论就是这样。个别像常某一样的所谓“教师”，会让许多善良、正直、敬业的教师被株连、被抹黑。

而那些为常某叫屈的“一线教师”，则是让中国教师集体蒙羞!

全国两千多万中小学教师中出现个别像常某这样的人不可怕，而那么多教师为他鸣冤，这才是真正的可怕之处!

不少教师公然主张体罚，说“学校不教警察教”“今天不让老师打孩子，明天整个民族就要挨打”……这些话的人，你们现在后悔了吗?惭愧了吗?

其实，判断是非曲直并不需要太高深的理论，甚至不需要太高尚的道德，只需要问自己一个非常朴素的问题——

“假如那是我的孩子!

或者，假如我就是那个孩子！”

2021年5月6日

到底要失去多少孩子的生命，才能让教育充满人性？

又一个孩子跳楼了。

令我震惊的是，这样的新闻似乎已经不再令人震惊了。

我的一个学生给我发来相关文章，她说："您大概是中国改革开放以来最早研究并发表与青少年自杀有关文章的一线教育工作者，不知您最近是否有相关新作？我相信每一个孩子的离去都令您痛心，因为您爱教育、爱孩子……"

学生期盼着我有相关新作，她希望我写点什么。

我的悲痛无以复加。孩子的悲剧必然也是教育的悲剧，这是毫无疑问的。虽然这事的具体原因还有待权威部门的调查，在此之前，我们仅凭主观推测与想象去谴责任何一个人，都是极不负责任的。

想写，却不知写什么好。要写的似乎已经写尽，真的是"吟罢低眉无写处"。从 1987 年起，我写了一篇又一篇分析中小学生自杀的文章，30 多年过去了，如今过早逝去的年轻生命依然有增无减。我还能说什么呢？

学生说我大概是中国改革开放以来最早研究并发表与青少年自杀有关文章的一线教育工作者，指的是 30 多年前我教她的时候，就在《中国青年报》上发表研究中学生自杀的文章了。

1987 年 11 月，乐山市某中学高一女生宁小燕（化名）自杀，年仅 16 岁。当时，她的亲人、老师、同学、朋友都感到震惊，他们实在找不出她自杀的理由。宁小燕是连续两届乐山市三好学生。品学兼优的她为何“莫名其妙”地自杀呢？这使我产生了研究她的强烈欲望。我骑自行车 30 公里来到宁小燕的学校，采访了她的老师，得到了她的作业、作文和几封遗书，还有她从初三到高一的日记。

那以后的半年时间里，我白天上课，晚上便沉浸在宁小燕的文字里，倾听她的心声，抚慰她的心灵，感受她年轻生命的起伏。终于，我得出了结论，宁小燕是殉道而死——殉真善美之道。与同龄人相比，她的阅读面很开阔，因而她的思考更深入，她从日常生活包括人际交往中感到，中国的思想道德观念并没有随着经济的发展而一并进步，相反，和真善美相比，假恶丑有时更春风得意。这是为什么？十五六岁的她渴望得到来自父母和老师的解答，却无人知道她的内心。我们的教育每天都在给她灌输“崇高”，却不知道她的心灵最需要什么。最后，她决定保持自己的“纯净”，离开这个“肮脏”的世界。

她在遗书中这样写道——

> 我曾经很要强，想做的就一定要做，想得到的就一定要得到，可后来，不知怎么的，我突地沉下去、弱下去，从而一蹶不振。我从未意识到的天生性格中的软弱一下子暴露无遗，于是，我由一片生机勃勃的绿叶变得枯黄，最后从我着根的理想与信念的大树上坠落，直到现在，我坠落到了一片废墟变成的蒲公英的世界，美丽的世界，坚强不垮的世界，生命之源世界。可是，我的勇气呢？我的力量呢？我不知道怎样才能变得坚强。照现在这样，我不知道还会有什么较现实的东西是美好的，我不知道前面是怎样的，当然不会有鲜花，只能是沼泽，我现在踌躇不前，每走一步都是迷茫。

我们当然可以批评她认识偏激、心理脆弱，但这偏激和脆弱是谁造成的？不正是我们的教育（学校教育、家庭教育和社会教育）吗？

1988 年 6 月下旬，我写了一篇 9000 余字的人物通讯《真善美殉道者》投寄给《中国青年报》。

没想到不到两周，1988 年 7 月 8 日，《中国青年报》在头版醒目的位置（第二版续载）发表了我这篇文章（压缩为 7000 字），标题改为《她给教育者留下了什么“遗产”？》。

我实在是被编辑改的这个标题所折服，它揭示了宁小燕之死的意义——所有教育者都应该反思：我们的教育正面临着怎样的危机？

文章激起了强烈的反响。当时，《中国青年报》有一个《每月一榜》的栏目，专门列出上个月该报发表的反响最强烈的文章。拙作《她给教育者留下了什么“遗产”？》被列其中。上海《青年报》将其转载，《北京青年报》对其展开讨论。一名中学生读者写道：“老师讲的，不是我们想的；我们想的，恰恰没人回答。”同年 9 月 9 日，《北京青年报》发表了一名叫“余燕”的学生的文章，作者写道——

> 《中国青年报》将头版给了一名“不知到底为何自杀”的女中学生——宁小燕，以相当可观的版面。像宁小燕那样热切地追求“真善美”又过于天真的好学生，当今已经很少见。而她走极端的解脱方式——自杀，却大声发出了“在玫瑰色教育下走入社会后感到困惑的众多青少年的呼唤”，以致记者用醒目的黑体字质问道：“难道我们的教育真的毫无责任吗？”
>
> 作为一个中学生，对这样的质问并不觉得奇怪。多少毕业生都曾对他们的恩师说：“您教给我们的那一套，在社会上根本不顶用。您想让我们做大好人，可社会容不下我们。”那些头发中有些许或许多银丝的“园丁”，对此往往只是摇头，叹惜世风日下，然后回到课堂仍旧向新一批学子传播他们坚信的正确思想，然而一切往往都只是轮回。
>
> …………

我们的师长，当您千方百计地想把一个孩子教育成您心目中的好孩子时，您必须正视这样一个事实：青少年身心的成长是一个痛苦而复杂的过程。

当他们在黑暗中感到阵阵孤寂之时，当他们在日记中发出莫名的长吟之时，当他们在拥挤的人群里感到恐慌之时，当来自内部、外部的无形压力向他们慢慢逼近之时……您不要再拿一些硬邦邦的正确的框框去套他们，不要幻想只要让他们明辨是非就可万事大吉。

可不可以使环境宽松一些，可不可以拿您或别人有益的人生经验去疏导他们拥塞的心灵，可不可以不把学生当作一部部受教育的机器，而是一个个正在通过他人帮助，更通过自己不断努力而逐步形成的"人"……

为了不让悲剧重演，请给他们以自信力和直面现实的勇气和胆略，请给他们一颗健康而有强大生命力的心脏，请给他们一个清醒而有独立思辨能力的大脑，请给他们一种积极而富于弹性的生活态度……

这期待是给予我们的师长的，也是给予我们自己的。

这一期待，便是30多年。如果宁小燕还活着，她今年刚好50岁；而这位作者余燕，今年也应该50左右了。她们当年的"期待"实现了吗？恐怕一代又一代的学生还要期待下去。

宁小燕告别这个世界后的34年里，中国教育取得了辉煌的进步，但自杀的中小学生不是少了，而是越来越多，以至于现在媒体报道一个学生的自杀，也很难引起当年如宁小燕之死那样的"轰动"了。

不说30多年来，就说2020年吧，有多少中小学生自杀？当我写下这个问句时，脑海里闪现出去年曾让我感到痛心的一个又一个孩子，请原谅我没写出他们的姓名，这不只是为了保护离世孩子的尊严，更因为我实在不忍心写出来——那都是2020年隔三岔五出现在网上让无数人痛惜的名字。我相信，读者读到这里，也会想到这些可怜的孩子的。

然而，几乎已经成规律的是，每当有了这类新闻，总有人把矛头指向幼小的逝者:“怎么心理这么脆弱？”“现在的孩子怎么一点挫折都受不了？”“太缺乏生命意识了！”“思维有缺陷，太偏激了！”……

应该说，年纪轻轻就放弃生命，这些孩子多少是有些心理问题的。但是，孩子所承受的压力，有多少成人能够真正感同身受？何况，孩子的这些心理问题和思维缺陷是如何产生的？作为教育者，难道我们不应该问问我们自己吗?

当年，我那篇关于宁小燕的长文中，有这样的段落——

> 按照惯例，出了人命案，总应该有个结论。20多天后，经过多方调查、分析，区教育局发了《情况简报》，有如下两段——
>
> “宁小燕在人生观上存在着缺陷，她对人生的意义、价值早就产生了消极的认识，因此，她的自杀不是偶然的。”
>
> “宁小燕的自杀反映出加强青少年学生人生观的思想教育的必要性、紧迫性，反映出在深入地关心、了解学生内心世界方面，我们还应做很多工作。”
>
> 这个结论当然是正确的，然而太简单了。
>
> 一切关心祖国前途、民族未来的教育工作者都有理由发问：作为一名“平时懂事、自重”“在学校期间，遵守纪律、好学，在各种集体活动中表现较好，被选为班上宣传班委、通讯员和学校广播组播音员”（引自区教育局《情况简报》）的好学生，她的“人生观缺陷”“消极认识”是怎么产生的？她的自杀，除了她自身的原因，我们的教育该承担什么责任呢?

今天，我依然保留这个发问。

“时间永是流驶，街市依旧太平，有限的几个生命，在中国是不算什么的，至多，不过供无恶意的闲人以饭后的谈资，或者给有恶意的闲人作‘流言’

的种子。至于此外的深的意义，我总觉得很寥寥……”

突然想到鲁迅这几句话，我感到很悲哀。

回到那个朴素的问题：究竟什么是教育？

刷题？分数？考试？特长？睡眠不足？视力下降？体质羸弱？提高一分，干掉千人？东风吹战鼓擂，今年高考谁怕谁？今日疯狂，明日辉煌？不像角马一样落后，要像野狗一样战斗？累死你一个，幸福你一家？……

无论世人对教育有多么丰富、多元的理解，“人性”始终是其固有属性。无论学校把“立德树人”“五育并举”“课程改革”“智慧校园”“国际视野”“一切为了孩子”等口号喊得如何响亮，如果孩子在小小年纪就失去了对生命的留恋，那这一切都等于零！

自杀的孩子当然并不是多数，但承受着不该承受的精神压力而失去少年乐趣和人生欢乐的孩子，恐怕绝非个别！

陶行知说：“真教育是心心相印的活动。”

苏霍姆林斯基说：“教育，这首先是人学！”

走进心灵，应该是教育的基本品质。

从宁小燕到近年来一个个离我们而去的幼小生命，到底要失去多少孩子的生命，才能让我们的教育充满人性，真正走进孩子的精神世界？

2021 年 3 月 13 日

坠楼孩子尸骨未寒，有人就开始制作“人血馒头”

最近，南京一名初二男生坠楼身亡。不只是他的亲人会悲痛万分，所有稍有良知的善良人，也会痛惜不已。这当然值得所有教育者反思，以汲取教训，避免类似的悲剧再度发生。但反思的前提是尊重基本的事实，在权威调查结论出来后确定具体的责任人。

然而，悲剧刚刚发生，网上就流传着孩子的手写作文《琐忆》和其他文章。《琐忆》中，“孩子”以流畅而细腻的文笔，写了自己和父母的关系，主题就是一个：孩子长期受父母的精神压制。其他的文章，也表达出和孩子年龄不相称的成熟与深刻的思想见解。所有人读了之后，都不得不赞叹：“这孩子太优秀了，太有思想了！”再加上手写的字体工整漂亮，更增添了人们的惋惜之情，同时，也把谴责的目光引向他“专制”的父母。

应该说，无论“手写作文”还是另外引用的文字，都反映了一定的现实：确有这样的父母，也确有这样富有思考力的孩子。

但这些文字与坠楼孩子无关，所有文章，包括那篇“手写作文”《琐忆》，都是伪作。连同这些文字被广泛传播的还有如“孩子母亲也跳楼了，正在ICU抢救”之类的谣言……这一切，无异于在孩子的亲人，尤其是他的父母滴血的伤口上撒盐。更恶劣的是，那篇《琐忆》，借“孩子”对其“父母”的描写，对孩子父母进行人身攻击，这对悲痛欲绝的孩子家长来说，是残忍的二次伤害！

必须说明的是，一些善良者在不明真相的情况下，引用了这些虚假文字，是可以原谅的。我也曾在朋友圈转发过一篇内有不实信息的文章，虽然几分钟后我知道有假便删除了，但我还是心有所愧。在此，我想呼吁更多的朋友不要再转发类似的文章，不要再对孩子家属造成无意的伤害。

但这些虚假信息的炮制者的确应该受到最严厉的谴责，甚至应追究其法律责任。他们以孩子的不幸为商机，利用人们的善良赚取流量，用可怜的孩子的鲜血做成“人血馒头”。他们已经丧失了起码的底线！

每当类似的悲剧发生，总有那么一些人制造谣言，混淆视听，误导公众。他们往往顺着舆论的某种情感或愿望，“披露”子虚乌有却耸人听闻的“真相”。可悲的是，这些谣言往往会被当作真相在网上疯传。

为什么？

因为这些谣言满足了某些人的某种意愿。换句话说，有些人只愿相信自己愿意相信的信息。而谣言制造者正投其所好。所以，公众的某些定式思维正是“人血馒头”的市场。比如，这次的孩子坠楼身亡事件，有人总是习惯性地想到畸形的家庭教育，再推论出孩子一定是被家庭专制逼死的。

孩子的悲剧必然也是教育的悲剧，这是无疑的；虽然这件事的具体原因还有待权威部门的调查结论，但在此之前，我们仅凭主观推测与想象去谴责任何一个人都是极不负责任的。

是的，应该说，孩子的不幸肯定和教育有关，所以我提出要反思我们的教育，让教育走进心灵。但这个“教育”的内涵很广——学校教育、家庭教育、社会教育，其中每一类教育又涉及各个方面。我们应该依据事实作具体分析，但虚假信息的炮制者却有鼻子有眼地抛出了“证据”，细致而形象地把死因归为家庭的“窒息”。

这是谣言杀人！

理性地对待每一次意外的悲剧，在权威部门调查没有结束前，不要轻易被某些没有依据的“真相”带偏了节奏，只有这样，才能真正防止“人血馒头”的产生。

愿孩子的灵魂安息，愿孩子父母节哀！给真相一点时间，让理智取代情绪。

2021 年 3 月 14 日

因教育方式欠妥，教师就应该付出生命的代价吗？

大家还记得2019年10月24日，那个被自己的学生用砖头砸进重症监护室的黄老师吗？昏迷了110天后，黄老师终因抢救无效，不幸离世。

其实在2019年10月24日，黄老师就告别了这个世界——被自己的学生用砖头狠狠砸晕后，他就已经失去了知觉。黄老师对这个世界最后的清晰印象是被人用砖头狠狠地砸，而这个举起砖头的人正是自己的学生。

他最后的感觉是后脑勺剧痛不已——从未有过的痛。

当时，我就预感黄老师多半无法抢救过来——我两次向我老家仁寿的朋友打听黄老师的救治情况（这个朋友的侄儿就是黄老师所在医院的医生，他的孩子正在黄老师班上就读），答复是“还在昏迷中”“还在抢救”。他说：“其实，他现在处于昏迷中还好些，因为醒来，他会疼得受不了，他的后脑勺已经被敲碎了。”

绝大多数朋友都对黄老师表示同情，也有个别朋友提出了不同看法，认为砸老师的孩子也值得爱和同情。接下来，又出现了所谓“剧情反转”的文章，这样的文章往往以“据知情人透露”开头。大意是说黄老师平时经常体罚学生，学生不堪忍受，云云。总之，潜台词无非是“终遭报应”。

黄老师的教育方法有时候是比较简单甚至粗暴了些，也确实有过体罚行为。我的朋友告诉我："黄老师有时会打人骂人，这是事实，我刚问了我侄孙，我侄孙就在黄老师的班上。拿砖拍黄老师的这个颜同学被黄老师踢过一次，这次事件是因为颜同学在校外骑自行车（学校为了安全起见不允许学生骑自行车上学）被黄老师批评后发生的，但黄老师这次并没有体罚他。情况就是这样的。黄老师已转到成都治疗去了。"

综合各种情况，应该说，真相不难澄清，是非也不难判别。第一，黄老师的教育方法有时候的确简单粗暴了些；第二，黄老师是一个认真负责的老师；第三，这次事件发生前，黄老师并没有体罚这个学生。

黄老师平时的教育方式有欠妥之处，但需要他付出生命的代价吗？他的确需要检讨和改进，但他现在连这个机会都没有了，永远没有了。

这个学生是未成年人，未成年人往往偏激，常常冲动，喜欢走极端，但这就是他杀人的理由吗？何况，这次黄老师并未体罚他。他应该受到法律的严处。会吗？

如果说，未成年人可以不承担或者减轻刑事责任，那么，其家长作为监护人，该不该依法承担应有的责任，并受到追究呢？

关于未成年人犯法其家长是否该被追责的问题，一直有争议，所以我也不敢说得很有底气，但我总心有不甘。国外是有类似的做法的，我们可否参考借鉴，再根据中国的国情制定出合理合情的法律规定？

不过，尽管这件事触目惊心，具体的细节可以说是凶残至极。但学生用砖头砸老师，毕竟还是属于小概率事件，我们大可不必因此就忧虑并惊呼："没法当老师了！"也不应该因此而让体罚成为教育合法的常规手段——这倒是让我有点担心的。作为教师，我们当然有应该反思的地方，但面对刚刚离去的黄老师，此刻讨论这个话题是残忍的。

现在我最想看到的是，法律应该给30来岁就被学生夺去生命的黄老师（他还有年迈的母亲和两个年幼的孩子）一个公道。

2020年2月18日

“人是最高价值！”

——由成都 49 中学生坠亡事件所想到的

面对猝不及防的悲剧事件，虽然真相（包括原因）并非第一时间就能够弄清楚，但学校应该第一时间把孩子的不幸通知家长。这是无条件的，是绝对的。

学生坠亡事件发生后，成都 49 中的确应对不力，有些惊慌失措，引起了舆论的不满，但只要不是刻意隐瞒，公众就应该予以包容。说实话，任何学校对此类事件都是防不胜防的，这完全是概率极低的偶然性事件，对许多学校来说都是第一次，因此“没有经验”是可以理解的。

事件发生之初，舆论沸腾，各种猜测和传言很多，这是不可避免的。有不少人对官方最初发布的通告提出各种质疑，这些质疑声不能说是谣言。合理质疑和追问，是每一个公民的权利。从某种意义上说，正是这些质疑，推动和促进了官方对真相的调查。任何时候，都不能以追究谣言为名打压民间的合理质疑声。

但在这些质疑声中，的确有恶意造谣的声音，这与理性质疑是两码事。回头看几天前的某些“据说”，说得有鼻子有眼，的确够阴险的。对这种无中生有的造谣者，应该依法追究并严惩。

最初的官方通报之所以没有缓解舆论危机，反而引发网民更大的不满与不服，原因很多，其中的一条就是我们的社会弥漫着严重的彼此不信任情绪。“就算你说的是真的，我也不相信”。干群之间、家校之间、师生之间……彼此都缺乏信任，甚至互相“有罪推定”。这就使许多简单的事变得复杂。因此，重建信任，是我们社会建设的一项艰巨任务，需要每一个人付出努力。

“维稳思维”往往是某些部门领导的本能。而对这种突发事件，最不应该有的恰恰就是“维稳思维”。当维稳压倒一切，有时候便会情不自禁地忽略其他因素，进而产生潜在的不稳定性。正如我的一个朋友所说：“那种只图省事，掩盖真相的强力压制下的所谓‘稳定’，只能种下社会祸根。”

死者母亲发布了一些信息，虽然误导了公众最初的判断，但考虑到她承受着巨大的失子之痛，是在极度情绪化的悲痛中发布的这些信息（这些信息也不完全是不实的），我们应该予以必要的宽容。如果其不实言论没有达到违法的程度，我认为可以谅解。悲痛中的母亲不应再被雪上加霜。

我们不应该对教师进行过于严苛的指责，要说责任，可以说无论家庭还是学校或是同学，甚至死者本人，都有或多或少的责任。但由于忽略了学校的某些特殊性，有的指责的确站不住脚。比如，有人质疑，为什么不让死者父母到学校，而安排在派出所沟通协商？这就忽略了一个事实：一所有 3000 多名学生、近千名住校生的学校，不得不考虑这对其他学生可能造成的影响。还有其他对教师的指责，我就不一一列举了。再次声明，我绝非说教师一点责任都没有，但如果不是直接的法律责任，那还是属于汲取教训、改进工作的范畴。

现在至少包括我在内的多数人都接受这个结论：孩子轻生有其心理原因。尽管孩子表面上看起来阳光开朗，可一个人的内心世界只有他本人最清楚。但是，我们决不能因此把这次悲剧的原因全部推给死者本人。相反，我们应该以此为契机，检查教育的每一个主体——首先是家庭，其次是学校，最后是社会，是不是给了孩子们健康成长的空间？说到底，轻生的孩子是无辜的，就算他有心理问题，这也不是他“自找”的，而是“我们”给他的。这个“我们”就是和他成长有关的所有人。苏霍姆林斯基说：“人是最高价值！”这里的“人”既指我们面对的一个个具体的孩子，也指整个青少年群体。如何防止青少年心理疾病的产生，如何让全社会（我还是那个观点，首先是家庭）给孩子们自由、自主、自在的精神天地，对这些问题的破解以及相应的建设，才是防止越来越多孩子轻生的最根本的办法。

当然，这将是一篇大文章，显然不是我在这里发表几句感慨所能完成的。但我愿意和大家一起思考，并做一些力所能及的事。

2021年5月14日

指使学生打同学，比教师自己动手体罚学生更恶劣！

前几天，看了一个小视频，心里很难受。画面上，一个初中生模样的男生手持一根黄荆条子正在抽打另一个学生的手心。持条者显然不是象征性地打，而是一下一下很有力地打那个男生的手心，被打男生疼得忍不住，手不住地往后缩，疼得发抖，嘴里发出“呲呲”的声音，不停抖手，好像可以把痛抖掉。关键是，坐在一旁的女教师还在不停地说着什么。因为是吵闹的办公室，我没听清楚她在说什么，但显然是在监督持条男生“执法”。

我的用意不是要让某一个具体的老师被处分，而是想说说这个现象。

其实这个现象也没有什么好说的。关于体罚学生，不知现在的“行情”怎样，反正几年前，网上几乎是压倒性地赞成。我经常发表一些为教师权益呼吁的文章，总是赢得一片喝彩；但只要我旗帜鲜明地抨击体罚学生的现象，马上就有教师说：“李镇西变了！”“专家站着说话不腰疼！”……还有人把“体罚”与“严格要求”等同，然后呼吁：“要珍惜严格要求学生的老师！现在这样的老师不多了。”也有教师一听说不许体罚学生，便说：“那我还是做一个佛系老师吧！”至于以呼唤惩戒权为幌子，理直气壮地呼吁将体罚学生合法化，我连回复评论的兴趣都没有了。

我简单地陈述一下我在2000年发表的观点：第一，没有惩罚的教育是不完整的教育，但惩罚不是体罚（请读到这里感到疑惑进而问我“请问什么叫‘不是体罚的惩罚’”的老师，自己到网上去搜索我的相关文章，我发了太多与这个话题有关的文章）；第二，体罚学生不是或至少首先不是师德问题，而是法律问题，该不该体罚，没有讨论的余地，法律没留下宽容的空间；第三，动辄说“不许体罚等于捆住了老师的手脚，让我们怎么当老师啊”，这是对绝大多数一线教师的智慧的侮辱，好像那些管得住学生的优秀教师，靠的不是智慧、智商，而是体罚！

看了这个经核实后真实性毋庸置疑的视频，我今天想说的是——

指使学生体罚学生，恶劣程度远超教师亲自体罚学生。教师打学生，有时候是因为冲动而无法控制自己，多少可以理解（虽然不一定谅解），而指使学生打学生，则是一种经过考量的策略，好像这样一来，教师就可以不承担体罚学生的责任了，因为“我又没有动手，是学生打的嘛”，企图以此免责。哼，想得美！

更恶劣的是，如此让学生代教师体罚同学，是一种可怕的反教育行为，因为如此行径播下的是仇恨，培养的是奴性。同学与同学本来应该是真诚的朋友，现在一方是施暴者，另一方是受虐者。更可怕的是，作为本应天真无邪的少年，此刻却成了教师的打手。“本是同根生，相煎何太急？”这样的学生长大后，也会希望有权能指使别人充当自己的打手……所谓“培养社会主义公民”的伟大使命，被这位教师抛之脑后。

文字是苍白的，我的描述完全不能真实地再现当时的情形，但我说了，我实在不愿意因我公布视频而曝光具体的学校，更不愿意让这名教师被处分（真的那样，不知有多少教师会为她“鸣不平”），但是，对于这名教师，以及支持她做法的教师，我只想问两句话——

如果你是孩子，你愿意被老师这样体罚吗？

如果是你孩子，你愿意他遇到这样的老师吗？

2021年12月22日

“明明是学习，却整得跟抓黄赌毒一样！”

——评学生违规补课将记入诚信档案

朋友发来微信，仔细一看，令我大跌眼镜。

原来，1 月 13 日河南省教育厅发布了《关于做好中小学生寒假期间有关工作的通知》。和这份通知同时发出的，还有《寒假致全国中小学生家长的一封信》（以下简称《致家长信》）、《寒假期间拒绝参加学科类培训的承诺书》（以下简称《承诺书》）、《寒假期间禁止参与学科类培训的告知书》（以下简称《告知书》）。河南省教育厅特别要求各地教育行政部门及时将《致家长信》与《告知书》传达至每一位家长，并督促每一名学生签订《承诺书》。

这是一份什么样的《承诺书》呢？

每一名学生都被规定要承诺以下内容——

一、合理安排学习生活。不把假期当学期，不用学科学习代替假期活动，科学合理安排寒假学习、生活和体育锻炼，养成良好的学习生活习惯，增加留白思考、创新探索的时间与空间，培养自我管理、自我发展的能力。

二、增强自我调节能力。与父母多沟通交流，学会倾听与表达，善于理解父母，增进家庭感情。学会面对困难挫折，学会调节情绪，采取适度运动、欣赏音乐、阅读书籍等方法缓解心理压力。自觉管控上网时长，坚持健康用网，防止沉迷网络。

三、严格落实防控要求。遵守当地疫情防控规定，注重做好个人防护，勤洗手、常通风、戴口罩、少聚集，与他人保持安全社交距离，始终保持警惕、严密防范、自主报备，确保假期安全。

四、拒绝参加学科培训。严格落实国家“双减”政策要求，不在国家法定节假日、休息日及寒暑假期参加学科培训，并对发现的违规违法培训行为，及时予以举报。

五、坚决抵制违规培训。坚决不参加以教育咨询、文化传播、“家政服务”“住家教师”“众筹私教”等名义违规开展的学科类培训。坚决不参加通过“直播变录播”方式违规开展的学科类培训。坚决不参加在居民楼、酒店、咖啡厅等场所开展的“一对一”“一对多”等隐形变异学科类培训。坚决不参加以游学、研学等名义或者在科技、体育、文化艺术等非学科类培训中，违规开展的学科类培训。坚决不参加线下机构通过网络会议、直播平台等方式违规开展的线上学科类培训。

《承诺书》的最后一句，是这样的——

我将严格遵守承诺，欢迎大家监督，如有违反，自愿记入学生个人诚信档案。

这意味着，学生若在寒假参与补课，后果很严重——

家长组织孩子在寒假参加违规补课活动，一旦被发现，孩子的违规行为就会被自愿记入个人诚信档案。

那么，记入诚信档案又有什么影响呢？有人搜索资料发现，目前可能会有以下影响：

1. 影响考公：一般而言，考生在省考或者国考中有不诚信行为且记入档案后，将取消本次的录用资格，也会禁止在一定年限内参加该地的省考或国考。

2. 影响购房、购车等：未来，个人在购房、购车等时，银行会查看个人的诚信记录并进行评估。

3. 影响工作：个人诚信档案有不良行为的人不能涉足金融行业，也不能从事金融行业相关工作。

看看，如果学生真的违规参与补课，后果的确很严重！

说实话，看完这些信息后，我最初是不相信的，我以为是网上恶搞，至少有夸张渲染的成分。我向郑州好几个当教师和校长的朋友求证，结果回复都是一样的：是真的。

该如何评价这种做法呢？

应该承认，河南省教育厅做出这些规定的初衷是很好的。无休止地补习，把假期当学期，这种戕害孩子身心的现象无论如何不能再继续下去了。河南省教育厅希望重拳出击，遏制大面积违规补习的情况，把假期还给孩子，让“双减”不再是政府公文中的口号，而是孩子们的生活常态。这一主观愿望，不但是可以理解的，而且值得点赞！

问题是，我们反对大面积补课，但“一刀切”地严禁补课是荒唐的。要承认，不同的孩子不可能在学业上齐步走，总有孩子会暂时掉队。在这种情况下，满足掉队孩子上进的愿望，以某种方式给他开个小灶，不是很正常吗？孔夫子所言的“因材施教”正是说的这个啊！

如果一个孩子确实跟不上班里的大部队，严重影响其进一步学习，他想利用寒假好好补习一下，于是文化程度不高的家长，请一个当教师的朋友到家里来给孩子辅导，这显然就涉嫌“在居民楼一对一培训”，是“违规”的。可如果不补习，孩子的学业可能就被毁了。你让这孩子及其父母除了抓狂，还有其他办法吗？

另外，“承诺”应该是发自内心的真诚愿望。也就是说，任何真正的承诺都是承诺人真实而自由的表达，如果带有一丝被外在力量强迫的性质，其“承诺”就是假承诺。

那么，这份“承诺”不参加“违规补课”的所谓《承诺书》是出于孩子们的真实意愿吗？显然不是。这是领导强加给孩子的“承诺”。

其实，领导完全可以利用行政权力直截了当地发布一个类似“四不准”“八不准”之类的文件，明确规定：“寒假期间，严禁任何学生参与违规补课。”这样做，虽显霸道，却很真实，最多属于工作方式简单武断。

然而，领导没有这样做。领导明明是把自己的意志强加给孩子，还要让孩子把领导的意志当作自己的意愿，然后以“我承诺”的方式“心甘情愿”地说出来。作为学生，哪个敢不签这份《承诺书》？

如此“被自愿”“被承诺”，就不叫“简单武断”了，而是胁迫……

我注意到该省教育厅通知中的一个细节——说到“承诺书”时，通知用的是“签订”而不是“签署”一词。这两个词有什么区别？所谓签订，是与别人一起将需要的条款制订好再签字，而签署就是在别人制定的条款上签字。本来，学生在这份格式化的《承诺书》上签名，应该是标准的“签署”而不是“签订”。但省教育厅通知为什么要用“签订”一词呢？

就算孩子参与“违规补习”是不对的，也不至于记入诚信档案，让人家一辈子翻不了身啊！孩子未来的路还长着呢，为什么要在这一点上跟他过不去呢？

再大的错，也不过是想学习嘛！

正如一个网友所说：“明明是学习，却整得这么严重！”

2022 年 1 月 21 日

八名教师被“黑榜”警告，依据何在？

——写给云南省大关县寿山镇镇长的一封信

云南省大关县寿山镇镇长：

你好！

我从微信公众号“微大关”上读到的消息，说有八名教师因在2021年秋季学期全县期末统测中，所教学科的成绩排倒数三名，被该镇人民政府列入“黑榜”，给予警告。

我第一个反应：这是网络谣言。我甚至以为“寿山镇”是一个虚构的地名。我在网上查了查，结果百度上有两个寿山镇：一个在吉林辽源，一个在云南大关。哦，果真有寿山镇这个地方啊！突然，我反应过来了：公众号名称“微大关”，不就明明白白地说明了这是属于云南省大关县的寿山镇吗？

由你所领导的寿山镇的官方微信公众号发布的消息，应该是准确的，除非你雇了很多临时工。

为了避免断章取义，我还是尽可能完整地展示这条信息的全貌吧——

寿山镇8名教师被“黑榜”警告

3月11日，寿山镇召开2022年春季学期教育工作会，为42名先进教师颁发荣誉证书、4个先进集体颁发奖牌，对在2021年秋季学期全县期末统测中，任教学科排名倒数三名的8名教师（初中3名、小学5名）给予黑榜警告。这是该镇实施教师“红黑榜”制度以来的首次“亮相”。

会上宣读了《寿山镇中小学考核办法》，全文学习了《寿山镇干部作风大提升专项行动方案》，并作了相关要求。

会议指出，寿山教育的“红黑榜”制度，“能者上、庸者下”的队伍管理理念不会变，希望通过正向激励与反向警醒结合的方式，推动寿山镇教育工作者知重负重、提升作风，共同努力，办好寿山教育。

会议要求，全体教师要提升站位，在塑造师德师风上下狠功夫；要注重实效，在提升教学质量上下足功夫；要找准差距，在解决教育症结上下细功夫。要做到学为人师，行为世范。自觉增强立德树人、教书育人的荣誉感和责任感，引导学生健康成长。要提高思想站位，强化责任担当。抓好人才培育，从源头上实现人才队伍的壮大，助推乡村振兴可持续发展。要切实提升作风，积极投身教育创新实践。树立改革创新意识，刻苦钻研业务，增强自身本领，创新工作方法，在推动教育质量提升上干实事求实效。

真是拍案惊奇！我不愿过多评论，只想质问（是的，是质问）寿山镇镇长——

第一，因为班级考试成绩排名不佳，教师便被列入“黑榜”警告，你这样做，依据的法律法规是什么？第几条第几款，请拿出来让我看看，好吗？

第二，近年来，在素质教育的大背景下，在“双减”政策的落实过程中，有关部门下发了一系列文件，三令五申不能单纯以成绩排名评价学校和考核教师，你们如此公开和中央对着干，胆从何来？

第三，教育是心灵的艺术，学生的成长，除了教师辛勤的培养，还与学生本人的努力以及家庭教育的助力相关。教育不是工业，学校不是车间，学生不是产品。以为育人就像工人加工制造产品，仅仅凭责任感和技术就能生产出好的产品，这是对教育的无知。

第四，“会议要求，全体教师要提升站位，在塑造师德师风上下狠功夫……”哈哈，笑死我了！且不说把成绩不佳简单归结为师德师风问题是没有依据的，单凭你如此做法，就已经违背文件的精神了，如果自己站位已偏，又如何要求教师“提升站位”？

第五，“要注重实效，在提升教学质量上下足功夫”。教育质量包括教学质量，但如果仅仅凭考试分数来判断一个学校的教育教学质量，这是不科学的。什么叫科学的教育质量观？中央有那么多文件，你都学习了吗？如果没有学习，为什么要这么冠冕堂皇地乱说？

第六，“要找准差距，在解决教育症结上下细功夫”。在我看来，你的做法明白无误地向全国人民展示了，寿山镇的教育差距和症结不在教师，而在于你们对教育的无知。

第七，“自觉增强立德树人、教书育人的荣誉感和责任感，引导学生健康成长。要提高思想站位，强化责任担当”。真是讽刺！看来寿山镇真实的教育其实就两个字：刷题！不管你把“立德树人”的旗帜举得有多高，可你依据成绩排名而将末位教师打入“黑榜”，就暴露出了你对教育的无知。

第八，“树立改革创新意识”“创新工作方法”……请问，如此做法就是你们的创新？

第九，我经常说：“最好的管理莫过于示范。”作为寿山镇的最高管理者，你能否屈尊去学校带一个班，而且最好是带薄弱学校生源不好的班，看你自己能否在应试中百战百胜？当然，你也许会说：“术业有专攻，我毕竟不是专业的教师，你这个要求太过分了！”好，既然如此，也请你不要以外行人的身份对教育随意指责。

第十，如此羞辱教师，让所有中国教师都感到了屈辱！如果你觉得自己的确做错了，请向这八名教师公开道歉。

退休教师　李镇西

2022 年 3 月 15 日

这不仅仅是师德问题，也是法律问题

一个小姑娘，仅仅是因为受不了同学表演时声音太大而本能地捂住耳朵，就被老师当着全班孩子面斥责怒骂："滚！讨厌！"这个可怜而无助的小姑娘，她根本不知道自己犯了什么错误而被老师斥责，而且还被全班小朋友孤立。当老师说："人家在那里表演，你在那里捂耳朵，这尊重人家吗？"全班孩子居然很一致地喊道："不！"

我看了这个视频，极为愤怒！这已经远远不是什么"师德"问题了，而是触犯了法律！请看最新修订并已正式生效的《中华人民共和国未成年人保护法》第二十七条："学校、幼儿园的教职员工应当尊重未成年人人格尊严，不得对未成年人实施体罚、变相体罚或者其他侮辱人格尊严的行为。"

"镇西茶馆"昨天推出新年致辞《我坚信发声的力量》，呼吁大家应该为维护教师权益持续发声。我这个呼吁得到了广大教师的支持。从留言看，大家都认为只有持续发声，教师的权利才能得到真正的维护。但是，我今天要说，第一，教师作为教育者，本身就承担着维护孩子权益的责任，是不是每一位教师都尽到了这份责任？第二，教师如果没有尽到责任，至少不能成为损害甚至侮辱孩子尊严的心灵施暴者。第三，每一位教师不但应该维护学生的尊严，而且应该为维护学生的尊严而发声！

每次类似的教育丑闻被披露，总会有少数教师感到另一种愤愤不平，他们会找各种理由为丑闻主角开脱，而主要论调就是一条：“教书是高危职业啊！”有时候我批评某些教师的既失德又违规的职业行为时，也总有人说：“李镇西变了！”“专家总是居高临下指责一线教师！”……今天，我依然要说，无论是违反师德和相关法律的教师，还是为之辩护的教师，都不能代表广大的一线教师。相反，个别无良教师的行为，却会让所有教师蒙受耻辱和冤枉！社会各界完全有可能因为“一粒耗子屎”，而厌恶“一锅汤”！

所以，凡是善良、正直、有良知的教师，面对损害教师群体形象的人和行为，首先应该是谴责，而不是为之辩护。

几天前，我还推出过一篇文章《指使学生打同学，比教师自己动手体罚学生更恶劣！》，并附上视频展示了真实的现场，而且教育局已经做了相关处理，可依然有几个人在留言中为之辩护，还以各种“假设”为之开脱。我真不知道，这样的“老师”凭什么赢得别人的尊重？

这也是我今天写这篇短文的初衷。我就是要抨击个别无良的教师，我还要批评为之辩护的同行。许多老师都真诚地说：“李老师是我们的代言人！”可我要说，我从来就不愿代表教师中的败类，我耻于与这样的“教师”为伍；同时，我真诚地希望为这样“教师”辩护的“糊涂老师”早日醒悟过来。

我在那篇文章结尾说：“如果你是孩子，你愿意被老师这样体罚吗？如果是你孩子，你愿意他遇到这样的老师吗？”

现在，我还是想以这两句话提醒有关的“教师”：请将心比心！

有一个观点特别流行，而且在某些老师那里还挺有市场：“教师是弱势群体！”不可否认，在某些具体事件和具体情境中，某一个或某些教师是处于弱势，比如，当教师不多的工资被拖欠，当一位敬业的教师被家长诬告，甚至被学生殴打……这些都是真实发生过的。是的，在一些特殊的事件中，具体的教师的确处于弱势地位。因此，我们呼吁社会各界要为维护教师权益而努力，而且教师应该得到来自制度的保护。但从总体上说，面对学生，教师绝不是弱势群体，如果一定要说谁是处于弱势，恐怕应该是孩子——注意，我这里强调的是“从总体上说”，如果有人非要找一个例外的个案，来说明学生是强势，老师才是弱势，我无言以对。

面对还在成长中的孩子，作为已是成人的教师，我们应该以怎样的爱心与智慧，陪伴和帮助他们成长？关于这方面的道理，已经太多太多，我不想赘述，只是想强调：教师伤害学生，无论是其身体还是心灵，都不仅仅是师德问题，而且是法律问题。

其实，往深处细究，那些施暴于孩子的身体和心灵的教师，绝不是有什么“爱心”和“智慧”等方面的问题，而是根本就不适合当教师。

我非常同意一诺老师的观点，他认为我们的教师培养、选拔和培训机制，从师范类院校到教师资格证考试，再到入校后培训，从纸上看，无比完备，要求无比严格，体系严丝合缝。

那么，为什么还会有这样的老师出现在教室里，有这样的行为，还理直气壮，不以为耻，反以为荣？如此大的“漏洞”是如何产生的？这让我们不得不发问，是不是我们对教育的讨论和相关的政策，重视了教条而忽视了常识？

一个没有基本的同理心、同情心的人，一个对儿童发展和儿童需求没有基本了解的人，却能通过一个如此完备的培养、选拔和培训体系，最终出现在课堂上，成为侵害儿童的人。说到底，这反映的不仅仅是个人的问题，而是这个体系的问题。

但我们也不能因为是体系的问题就为一个个具体的犯错者开脱。一个教师，业务能力不强可以不断提升；甚至暂时对孩子没有感情，也可以理解。但如果公然伤害孩子的身心，侮辱孩子的人格，则是绝对不能被原谅的。因为这不仅仅是违反了师德，触犯了法律，而且有失作为一个人的起码的良知。

我曾经写过一篇文章:《别拿“一线教师”作标签掩饰自己的苟且与卑下，这是对真正一线教师的玷污！》。今天，我把这个标题送给某些“教师”，再次旗帜鲜明地表明我的态度——

为无良教师辩护，就是与所有善良正直的教师为敌；为恶劣行径开脱，就是在摧毁人民教师的集体尊严与荣誉!

2022年1月2日

谴责应该严厉，处理可以从宽

一

《这不仅仅是师德问题，也是法律问题》这篇文章推出后，不止一个网友问："谁拍的视频？又是谁公开的视频？"虽然只是两个问句，但谁都能读出其潜台词，无非就是怀疑有人暗中陷害事件中的教师。但此事恰恰很奇葩：这视频居然是涉事教师本人拍摄，并主动发在家长微信群里面的。

有人因此说涉事教师愚蠢，但我认为，比愚蠢更可怕的是无知。是的，涉事教师的确无知，居然一点儿都不知道自己做错了什么，还理直气壮地将视频发在了群里。

这事就值得细细琢磨了：第一，该教师为什么要录像；第二，该教师为什么要把视频发到家长群里。

二

对于第一个问题，我猜测该教师或者是为了保存班级资料，或者是为了不断地改进节目质量才选择了录像（当然也可以二者兼有）。如果这个教师是为了保存班级资料而选择了录像，我认为应该表扬，因为当孩子们长大后，看见他们还是小孩子时候的影像时，该会是怎样热泪盈眶，进而感谢他们的老师？我至今仍保存着参加工作以来各届学生的种种资料，但大多是照片和文字，少有声音，至于录像则完全没有。所以我常常为此感到遗憾。

但如果是为了改进节目质量而录像，我则不敢苟同。我一向主张孩子的活动就应该符合孩子的特点，尽可能朴素自然。表演节目不就是让孩子锻炼锻炼、展示展示吗？节目呈现不必那么完美无瑕、无懈可击。追求精致，以至于到了需要用录像来纠正、改进的程度，就远离了孩子的天然纯朴的本色，就假了。然而，这正是如今各学校中普遍存在的现象。班级表演如此，学校层面更是如此。随便弄一台演出，都堪比央视春晚——至少在豪华气派、流光溢彩方面，大家对“精美”的追求是一致的。

三

这就是问题所在。孩子的演出，有必要追求高大上吗？多年前，我一个朋友所带的班毕业了，她准备给孩子们搞一次很有仪式感的活动，本来想的就是一次简单朴素的活动，可学校一介入就变味了。学校觉得这个创意很好，可以凸显学校的德育成果，于是普通活动变成了隆重演出，而演出地点则由原来的教室，改到了市里的剧院，还有高档的音响、华丽的布景、耀眼的舞美、炫目的灯光……孩子们为了节目效果不断地排练，最后正式演出时，竟然对口型假唱、假朗诵！

这次朝阳某小学教师的事儿，是不是就是形式主义的表演呢？如果不是精益求精，视频中男孩的朗诵也许就不那么凄厉夸张，小女孩也许就不会捂耳朵了，后来的一切也许便不会发生了。当然，我说的是“也许”。

四

第二个问题的答案，似乎不需要揣摩，因为答案是明摆着的：教师要以此“铁证”向家长告状，说明这小女孩是多么“不懂事”“没有集体荣誉感”，以引起家长重视，配合学校好好教育孩子——当然，发在群里而不是单独发给那小女孩的家长，显然就是想引起更多的家长的重视，教师都不认为有一丁点儿不妥。毕竟，教师怎么可能自己给自己挖坑呢?

那么，教师为什么压根儿就没有意识到在家长群里公开发布视频会对小女孩造成伤害呢?

在上一篇文章后面的留言中，不止一个网友说:“这样的现象太普遍了!”“这样的老师太多了!”因为“太普遍”了，因为“太多了”，所以，这位老师自然不会认为他有什么错。大家都这样嘛!没什么大不了的，不就是呵斥孩子几句吗?

这才是问题的严重性所在。

五

“大家都这样嘛!没什么大不了的,不就是呵斥孩子几句吗?”仔细想想，还真是。从视频上看，两个涉事教师丝毫没有体罚孩子，她们对孩子最严重的伤害只有语言。与那些曾被披露的揪耳朵、扇耳光，以及更令人发指的体罚手段相比，这两个教师的做法实在不算什么。而且，类似不尊重孩子的话，不少教师都说过，也是公开说的。因此，仅仅因为这两个教师拍的视频被公开了，便“全民共诛之”，的确有些过分，如果涉事教师因此而受到诸如开除公职之类的处罚，我也觉得太严苛了。

可能这是这两个教师会感到冤枉的地方,也是有人会同情她们的原因——这样的事多了去了，为什么她俩就该倒霉?如果要认真起来，那要处理的教师就太多了。

另外，学校的责任也不容忽视。比如，注重形式主义的表演，而且，这样的表演与考核评估乃至绩效工资挂钩，这些都逼迫着教师不得不做出一些违背正常教育规律的行为。当然，具体在这件事上，也许学校没有直接责任，只是与教师个人的修养、性格，以及说话习惯等关联更密切。然而一旦出事，校方则表现出“雷厉风行”“决不姑息”的样子，把一切责任推给教师本人，而完全忽略了自身在管理方面的失误。这也不能让涉事教师心甘情愿认错，就连“围观群众”也不会服。

如果某一个教师的反教育言行成了普遍现象，那么仅仅批评该教师是远远不够的——虽然涉事教师难辞其咎，但更重要的是，教育行政部门和学校管理层，应该从制度上去找寻已经出现的漏洞，以防止个别违规成为校园常态。

六

具体到那两个涉事教师，她们对于孩子的心灵伤害，我们无论予以怎样严厉的谴责都不过分。小女孩幼小的心灵遭受了那么大的精神伤害，两个已经是成年人的教师难道不应该承受因自己的错误所招致的谴责吗？——只要就事论事，仅仅批评这种行为而无人身攻击，就不存在所谓网暴的问题。但更重要的是，我们应该通过这件事，对更多的教师进行教育，让所有教师都意识到类似的行为并非“没有什么大不了的”，进而真正尊重孩子的人格，敬畏生命的成长。

据说两个教师已经向小女孩及其家长道歉，这种做法是值得肯定的。当然，要从内心深处意识到自己真的错了，可能还有一个过程。谁都会犯错误，两个年轻的教师也不例外。我希望学校，以及社会在对她俩进行严厉批评的同时，能够给她俩一些成长的空间，说不定这能成为她俩走向优秀的起点。

正是从这个意义上，我主张：谴责应该严厉，处理可以从宽。

2022 年 1 月 3 日

收了学生一束鲜花，何错之有？

今天，读到河南省周口市郸城县教育体育局在官方微博“郸城教育”上的一条说明——

关于我县一名教师在社交平台
晒礼物一事的情况说明

针对我县一名教师在社交平台晒礼物一事，我局高度重视，立即进行调查核实。经核实，鲜花系学生家长赠送给我县宁平镇才英小学教师王某的教师节礼物，有关物品是学校发放的中秋节慰问品。我们已对涉事教师进行了批评教育，并责成其向学生家长退还鲜花等额费用。我局将引以为戒，进一步加强对全县教师员工的师德师风教育。

郸城县教育体育局

2022 年 9 月 11 日

读毕，我惊诧不已！

开始我以为自己老眼昏花看错了，揉了揉眼睛仔细看了好几遍才确定，没错，这是教育局自己说的。

据说，涉事女教师赶紧回应称图片和配文确是她发布的，但鲜花是她闺蜜送的，其他礼物是学校发的。

后来经教育局核实后，发现女教师在撒谎！因为鲜花是学生家长送的，而她的确收下了。

当我确信这不是假新闻后，我百思不得其解——

这位女教师在教师节当天接受了一束鲜花，何错之有？

同样是和人打交道的职业，教师之所以不同于医生、警察、商场营业员等这些职业，就是每逢新年和节假日，教师都会收到来自学生的心意，这些心意有时候是一张贺卡，有时候则是一束鲜花。

来自学生的一张贺卡或一束鲜花，赋予了教师职业的幸福与尊严。

所以，当这位女教师收到鲜花后，在社交平台晒礼物，再自然不过了。可以想象，当她把相关图片发到微信朋友圈的时候，是多么甜蜜和自豪！

她自己说，是在展示当老师的自豪之处啊！

然而，她却犯了“大错”！

是的，是“大错”，不然不会被教育局在网上通报——如果一个教师在学校犯了小错，会被如此严肃地通报吗？

她犯了什么“大错”呢？

因为她在教师节“收礼”了。

那她收了什么礼呢？

是收了阳澄湖大闸蟹的购买优惠券了吗？

是收了几百上千元的购物卡吗？

是收了一栋豪华别墅吗？

是收了一辆豪华汽车吗？

…………

没有，都没有。无非就是收了一束鲜花而已。

让我感到难受的是，女教师后来赶紧回应，说鲜花是她闺蜜送的。高压之下，她不得不说谎，以求自保。

然而，她因此被批评教育，被要求向学生家长退还鲜花等额费用。强调“等额”，是不是怕这位教师退还费用时不“等额”啊！

工作作风之细致，令我“叹为观止”。

这位仅仅是收了一束鲜花的女教师因此成了“反面典型”。因为，郸城县教育体育局将“进一步加强对全县教师员工的师德师风教育”。

以一人之“错”,而推动了一个县的“教师员工的师德师风教育”,这个“错”,最后成了“功”莫大焉!

可在我看来，这个女教师根本就没有错啊!

我没有看到教育体育局列出处理女教师的依据，但我想应该是有“依据”的，这“依据”便是师德规范所明确的“不许收礼”之类的规定。

类似禁止教师“收礼”的规定完全正确。的确，教师队伍中有极个别人利用职权，接受家长的各种好处，包括各种形式的“礼”，这严重败坏了教师声誉，教育部重拳打击这种教育腐败，完全应该，十分必要。

问题是，同样是“礼”，这“礼”和那“礼”并不一样。汉语词汇很微妙，同一个字在不同的语境里含义区别很大，比如，我们反对教师“收礼”，其中的“礼”，显然指的是超出了一般礼节性的程度而有一定含金量的礼物，绝不是反对学生及其家长那种纯粹是寄托尊敬之情的象征性礼物。

比如一束鲜花——它能吃吗？能喝吗？能穿吗？能用吗？能有任何实际功用吗？不能，它仅仅是一种表达敬意的物品。

有网友说：“这位老师收鲜花没错，但不应该发朋友圈。”

作为教师，发微信朋友圈晒幸福，有什么不可以？连吃顿火锅，都要拍图先请朋友圈“吃”，在朋友圈发一束学生送的鲜花有何过分？

还有网友说：“发朋友圈也没什么，但你不要写‘感谢某某妈妈’的话，点出学生的名字，还说家长‘有心’了。这不就是在暗示没送花的家长没心吗？这不是一种诱导又是什么？”

对如此评论，我感到无语。任何人说任何话都会有人误解甚至曲解，怕人误解、曲解就不说话，或者为了说出的话能不得罪人就拼命揣摩人心，纯真的人就是这样变得有心机、有城府的。而且从一句话中就能挖掘出这么多的“恶意”，这是现代版的文字狱!

这种对教师收一束鲜花就严苛处理的做法，不仅伤了一大批教师的心，而且也进一步恶化了师生关系。

我为什么这么说？过去，孩子的一封信、一张贺卡、一束花……多么纯真，多么温馨。这一送一收，恰恰是师生纯净感情的体现。

现在，教师们被“一刀切”、扩大化的“不准收礼”的要求所震慑，弄得大家谈“礼”色变，风声鹤唳，战战兢兢，如履薄冰……当教师的自豪感荡然无存。

将来，谁还愿意当教师？

真希望这条新闻不是真的，是网络恶搞。

我退休已经四年，每年教师节都会收到以前学生寄来的礼物，我感到十分幸福。

2022 年 9 月 12 日

收了鲜花晒朋友圈，有没有错?

一对恩爱小夫妻，婚后一年生下一个可爱小宝宝。宝妈在微信朋友圈晒婴儿照，幸福之情隔着手机屏幕都会感染到每一个人。

有问题吗?

没问题呀！人家在自己朋友圈晒晒做母亲的幸福，难道会惹着谁吗?

可有人会说——

当然惹着谁了，而且被惹的人多着呢！你如此有虚荣心，高调炫耀自己有了孩子，什么意思？你是在暗示人人都该生孩子吗？你让那些生不出孩子的人情何以堪？或者说，你是在鼓励更多的人向你学习，早点生孩子吗？无论如何，你不能只顾自己高兴，而不顾别人的感受。说轻点儿，你这是情商低；说重点儿，你这是别有用心!

类似的逻辑，同样适用于批评在微信朋友圈晒旅游照、晒吃喝、晒健身、晒美甲，甚至晒自家菜园子的瓜果……

所晒内容不同，本质都是一样：拉仇恨!

读到这里，肯定有读者会恍然大悟：哦，原来你是在类比那个教师节收到鲜花后在微信朋友圈晒鲜花照的女教师啊!

是的。我今天要说的正是这个话题。

估计有人会说："你的类比不妥，毕竟母亲晒婴儿照与女教师晒鲜花照还是不一样，前者与朋友圈的朋友没有任何利益关系，纯粹就是晒与看的关系，爱看不看，不存在得罪谁；而后者不同，教师在微信朋友圈一晒，微信群里的家长的孩子可都还在一个班读书啊！你点名表扬某某孩子的家长‘有心’，这让其他家长作何感想？”

仔细琢磨，确实，展示宝宝和炫耀鲜花有相似点，也有不同之处。

我先说相似点。

感到快乐，就展示一下，这是二者的相似点，而这不是人之常情吗？恐怕不能被认为是“虚荣心”吧？

如果说展示职业幸福就叫虚荣心，那么这个词完全可以换成自豪感。教师所期待的尊严感和荣耀感，不就是虚荣心吗？

无论是晒宝宝的母亲，还是晒鲜花的教师，她们无非就是想表达一种喜悦之情，这是没有错的。

有人说：“只管自己感到幸福，而不考虑别人的感受，太自私了！”

我一下子“心虚”了，回想自己这几十年，真是“罪恶累累”啊！年轻时，我经常向人分享我的教育快乐——那时候还没微信，只能在办公室里口述；中年时，我居然还写成《爱心与教育》等图书到处传播；现在退休了，我经常在微信朋友圈晒这个学生请我吃火锅了，那个学生又送我一箱苹果了……现在想来，我不但是“虚荣心大王”“自私到了极点”，而且把许多同行都“得罪”了，真是“国人皆曰可杀”。

但是，一个人晒自己的幸福，是无罪的。如果他以此被定罪，定罪的人才有罪。

“一个人难道真的可以不顾后果地我行我素吗？”有人问。

这个问题问得好。这也正是我要说的晒宝宝和晒鲜花的不同之处，而女教师恰恰在这一点上没处理好。

宝妈晒宝宝，围观的都是和年轻母亲没有利害关系的朋友；教师晒鲜花，影响的则是一个班几十个孩子和家长，必然会引起观看者不同的感受，这种感受会影响某些微妙的教育关系。所以，女教师应该考虑如何在朋友圈里正确地表达自己的感情。

注意，不是不能发朋友圈，而是如何发朋友圈更合适。

女教师表达喜悦和感谢是没有问题的，把鲜花拍照发朋友圈也是没有问题的。刚才说了，这不叫虚荣心，更不叫自私。

问题是，女教师还特意点出了学生的名字，夸学生的母亲有心了，这就很难保证其他家长没有什么想法了。

特别要说明的是，女教师不一定——而且我相信她真的没有想那么多，不存在有网友说的“暗示”和“引诱”。网友如果不是恶意揣摩，至少也是过度解读。客观来看，一个班就那么多人，教师这么“点名表扬”，其他家长难免会有些不安。

对这一点，我也有一个认识过程。最初听到有人批评老师不该点出孩子的名字时，我还觉得没什么。但后来仔细琢磨，觉得这样做还真的不妥。毕竟这和朋友圈晒宝宝照片或火锅照片不一样，是得考虑其他家长的感受。

因此，不能说女教师发朋友圈一点错都没有。

而我最初说她发朋友圈一点错都没有，这话不对，这里我公开收回。

真正让我转变认识的，一方面当然是网友不同的观点，另一方面是我设身处地思考后的结果。问：“如果是我，会发朋友圈吗？”答：“肯定会。”又问：“会点名表扬学生及其家长说他们‘有心’吗？”答：“肯定不会。”再问：“为什么不会？”答：“这不是给其他家长压力吗？”

这么一想，就觉得女教师那样说，的确非常不妥。

有人说：“她不是错在收了鲜花，而错在发朋友圈。”

我愿意把这话略作更改：她不是错在发朋友圈，而错在在朋友圈中的不适当的表达。

但是，无论她在朋友圈中的表达是怎样的不妥甚至出现了错误，都不是被教育体育局“严肃教育”的理由，何况教育体育局在通报中所针对的，并非她发朋友圈时的不妥表达，而是收鲜花这件事本身。

有朋友因此认定她“错在发朋友圈”，所以教育体育局处理她“一点都不冤”，这就严重混淆了两件不同性质的事：女教师是处事不当，表达有误；而教育体育局则是小题大做，无限上纲。

我还是旗帜鲜明地坚持我的观点：教师收下一束鲜花，没有任何错；而教育体育局如此严肃处理，则是大错特错。

由此事，我想到了一个长期以来我经常思考的问题——

我们的社会对于年轻人，究竟有多大的宽容度？

任何一个人说任何一句话或做任何一件事，必然会有不同的人出于不同的角度而有不同的感受和看法，这是我们无法左右的。但如果人与人之间彼此有更多的善意和信任，我们说话做事就会轻松得多。

当然，任何人都与一定的环境相联系，不可能一点都不考虑别人的感受，关键是分寸感的把握。女教师发朋友圈时，正是在表达的分寸感上欠考虑。

而这个分寸的尺度该有多宽或多严，得看这个社会开明、宽松、纯净的空间有多大。

在一个人与人之间关系单纯的社会，每一个人所拥有的自由度也大得多，说话直白，做事不累，自己轻松，别人也不会想那么多。这样的社会是有的，我体验过。

而在一个人与人之间充满计较、盘算、攀比、较劲的社会环境中，人人都看别人的脸色说话，看别人的表情做事，凡事都要想“这是什么意思”，然后确定自己该怎么说、怎么做，表面上热情实则冷漠，彼此彬彬有礼实则虚伪……

这样的环境，这样的社会，我们不是很熟悉、很适应吗？

于是，我们发明了一个词儿——情商；于是，我们多了一个夸人的说法——情商高。有人还专门注释：“所谓情商高，就是会说话，不得罪人。”

于是，越来越多的人学会了保护自己，而且对周围的人天然有一种防范心理。

比如，你看现在的朋友圈多么“干净”啊——除了少数像我这样“老不懂事”的人还肆无忌惮地展示自己的生活（不少朋友已经多次警告我“要保护自己”）——更多的朋友则只发“人畜无害”的内容，更有甚者，其微信朋友圈干干净净，什么都不发。都是为了“保护自己”！

在这种情况之下，这位女教师收了鲜花，居然还发微信朋友圈，这不是给自己挖坑吗！

我不是否定这位女教师发朋友圈的行为，她的错不完全是社会大环境所致，也有她自身的原因。但更多的年轻人呢，是不是感到这个社会有些深不可测？

许多年轻人就是这样在“倒霉”中慢慢变得“成熟”起来的，其“情商”就是这样在“吃亏”中慢慢提高的。

我想到了已故教师马小平。他在给学生讲《孔乙己》时，让学生关注一下这个只有 12 岁的小伙计。谈起这个孩子时，马老师在讲台上深深地叹了口气：“他还只是个孩子，观察社会的视角却与成人没什么不同了。失去了天性的悲悯，真是悲哀。”

小伙计的可悲，在于 12 岁的他过早地失去了童年的天真，而拥有了成人的老道与世故。

我们的社会，我们的学校，又是怎样过早地吞噬了许多年轻教师的天真、单纯、率性、清澈与浪漫？他们被许多“过来人”甚至不少同样是年轻人的同事提醒：“要注意影响！”“别那么傻！”“你太天真了！”“你这样做，别人会怎么看你，尤其是领导会怎么看你？”……

于是，许多充满理想主义的年轻人“豁然开朗”“茅塞顿开”，开始进入职场“成熟期”，于是，热情冷却了，理想幻灭了，青春化作了老成，真诚让位于圆滑，以前看不惯的现在熟视无睹，以前恶心的现在驾轻就熟……

这就是许许多多年轻人的“成熟”史，也是“堕落”史！

看到昨天不少年轻的朋友留言："幸好我没发微信朋友圈。"

他们的"庆幸"却让我感到无比的悲哀。

有一个朋友对我说："您现在退休了，当然可以随便说。那您退休前，收了学生的礼物也敢发微信朋友圈吗？"

我回复道："我 2014 年 9 月注册微信，2018 年退休。你去搜一搜我那几年的微信朋友圈，再来问我这个问题。"

其实，如果他真的去搜了，就不会问这个问题了。

因为从年轻时到现在，我因直言不讳吃了太多的亏。但我一直告诉自己：我没想过要改变世界，但我希望这个世界不要改变我。

我做到了。

但出于真诚的关心和担心，我违心地不希望年轻人都像我这样，毕竟他们面临着具体的单位环境，具体的人事关系，具体的成长空间，还是要学会保护自己。

我更希望的是，我们的社会风气能够清朗一些，人际关系能够单纯一些，只有这样，年轻人才不会活得那么累。

昨晚那篇文章推出后，我还在继续想，除了那个举报者——这是一个躲在暗处的十足的小人！这件事所涉及的任何一个人，都很难说是坏人：女教师当然不是，感到不安的家长也不是，评论这件事的网友仍然不是，郸城县教育体育局领导依然不是……但为什么好人，至少都是不坏的人，在鲜花和微信朋友圈"交织"在一起后，都不高兴了呢？

说到郸城县教育体育局，我真不认为他们是有意想加害那位女教师。我相信，从局长到具体经办人，都是善良的。只是在目前的大势之下，他们不得不先"一刀切"了再说，以后再"切一刀"，即先矫枉过正，不分青红皂白大面积"一刀切"，整齐划一了再说；以后再根据具体情况分别处理，一刀一刀地分别"切一刀"。

也就是说，郸城县教育体育局现在不这么"一刀切"，他们就会有承担不了的后果。他们也怕啊!

问题是，这种“大势”是怎么形成的?

是谁，让我们进入了“彼此互害模式”?

我有一个非常亲密的忘年交，是一个纯真善良的普通高中教师。她对我说:“今年高三毕业后，有学生给我送西瓜，而我只是在高一教过这个学生。当时我非常开心，但我没敢公开发微信朋友圈。”

我理解她。在这个社会，有一种无形的压力让人不敢“随心所欲”。

我特别喜欢歌曲《我的祖国》最后一句歌词——

> 在这片温暖的土地上
> 到处都有和平的阳光

“和平的阳光”，以前我们都理解为不受外敌入侵，但我认为，“和平”还意味着不会无端地被同胞伤害。比如，女教师在教师节大大方方地收了来自学生的鲜花不被教育体育局“严肃处理”。

能够自由地呼吸与表达，这就是“和平的阳光”。

2022年9月13日

C 不敢苟同

BUGANGOUTONG

君子和而不同。和声构成交响，我们的耳畔因此而和谐；斑斓组合丰富，我们的眼前因此而缤纷！

我也不赞成“教师专业发展”这个说法

我曾经用过“教师专业发展”这个说法，没感觉有什么不对——不就是提倡教师在专业上不断提升吗？

后来，隐隐觉得这个说法是不妥的，但我一直不好公开说。倒不是怕什么，而是一旦要驳倒一个观点或提法，我首先得说服自己，如果自己都含混不清，仅仅凭感觉就“开炮”，这不严谨。

最近，看了我尊敬的叶澜先生的一篇文章，她公开质疑“教师专业发展”这个提法。她说，她不赞成简单地提“教师专业发展”，而是提“教师发展”。教师作为一个专业人员，现在人们不太怀疑。目前的问题是，教师对专业发展太看重了，自己作为一个全人的发展这个问题却往往忽视了。

先生的质疑点亮了我的心，让我更深入地思考了这个问题，并有勇气公开说出我在这个问题上的不同看法。因此，我想在此呼应一下叶澜先生——

我也不赞成“教师专业发展”（或“专业成长”）这个说法。

教师当然需要发展，而且远不止是年轻教师需要发展，可以说，从教一天，就需要发展一天，直至退休，甚至直到生命终结。但是，这里的“发展”仅仅是“专业发展”吗？

所谓“专业发展”，简单地说，就是关于专业的发展。这就很容易也很明显地把发展的内涵指向具体的专业。实际上，很多时候是指向了学科专业。现在很多教师培训往往都是学科培训：关于课标、关于课程、关于教材、关于教法、关于课堂、关于评价……即叶澜先生所说：“教师对专业发展太看重了。”

应该承认，这种“看重”没有错，甚至是必须的。离开了对“关于课标、关于课程、关于教材、关于教法、关于课堂、关于评价”的钻研，还有教学吗？没有了教学，教育就失去了主渠道。

所以，我们反对的不是这种对专业的“看重”，而是反对“太看重”。

要知道，第一，教师发展的内涵不只是学科专业；第二，如果“太看重”所谓的“专业发展”，就意味着只注重“专业发展”。于是，教师“自己作为一个全人的发展这个问题却往往忽视了”。

叶澜先生真的是一针见血，直击要害。

对此，我想对先生的观点做点补充。

我当班主任的时候，经常给学生读傅雷家书中的一句话：“先为人，次为艺术家，再为音乐家，终为钢琴家。”这句话的意思很明白，就是在成为钢琴家之前，得是一个音乐家，而不能仅仅是懂钢琴；在成为音乐家之前，得先是一个艺术家，而不仅仅是懂音乐；在成为艺术家之前，首先得是一个大写的人。当然，这里的“之前”只是我简洁的表述，并不意味着这几种身份之间有这么严格的时间先后，最可能的情况是，同时追求这四者，但把做人放在最重要的地位。因此，所谓“之前”不是指出现的顺序，而是强调重要程度。

仿照这个句式，或者说，按照这个逻辑，我同样可以说：“先为人，次为知识分子，再为教育者，终为学科教师。”

一名教师，首先应该是一个真正的、完整的人，即叶澜先生所说的“全人”。注意，说教师应该是“全人”，绝不是说只有成为“全人”的人才能做教师。世界上没有完人，更没有圣人，如果苛求一个人必须成为“全人”才能成为教师，那这个世界上可能就没有教师了。但叶澜先生这里说的是“作为一个全人的发展”，即不断追求“全人”的过程。也就是说，作为教师，我们应该有成为“全人”的追求，而这个追求是无止境的，不但贯穿整个教育生涯，也贯穿整个生命历程。

为了避免望文生义，我不太爱说“全人”，更愿意说“真正的、完整的人”。所谓“真正的人”，就是真实、坦荡、不虚伪、不矫饰的人，就是陶行知所说的“真人”。这样的真人当然也有缺点，但他也会一直追求自身的完善。所谓“完整的人”，就是身心健康、品学俱佳的人。当然，我一再强调，这是一个不断追求的过程。我还想特别强调的是，完整的人，应该拥有完整的精神世界：人格高尚、情感丰富、胸襟博大、视野开阔、思想独立、灵魂自由……

一名真正的教师，同时，应该是一名知识分子。他应该拥有知识分子的自觉意识与高贵尊严。所谓的知识分子，并非字面上的“有知识的人”，而是“有思想的人”，因此也可以说，一切作为知识分子的教师，都应该是思想者，而且是独立的思想者：不迷信，不盲从，也不自恋，更不自大，而是唯真理是从——如马克思的战友威廉·李卜克内西对马克思的评价：他是一个彻底正直的人，除了崇拜真理外，他不知道还要崇拜别的，他可以毫不犹豫地抛弃他辛辛苦苦得到的他所珍爱的理论，只要他确认这些理论是错误的。

知识分子对一切事物和观点，都持研究的态度，反思与批判是知识分子的本能。没有什么是不可怀疑的，没有什么是不可批判的，但怀疑和批判不一定导致否定，只是不迷信罢了。对任何理论，他们都不会天然信奉，他们需要经过独立思考和研究，最终可能抛弃也可能接受，还可能完善。而这种独立思考和研究的前提，便是浩如烟海的阅读。作为知识分子的教师，必然会博览群书，放眼整个人类精神文明的成果。阅读是教师的第二生命，没有阅读，生命便停止了。唯有这样，教师才能站在人类文明的高地俯瞰自己的每一堂课。

任何学科教师首先是一名教育者。关于教育者应该有的素养，有太多的论述，我只想强调两点——

一个教育者应该是富有童心的人。苏霍姆林斯基说，一个好老师意味着什么？首先，意味着他是这样一个人：他热爱孩子，感到和孩子在一起交往是一种乐趣，相信每个孩子都能成为好人，善于跟他们交朋友，关心孩子们的快乐和悲伤，了解孩子的心灵，时刻都不忘记自己也曾经是个孩子。多想想，如果自己是孩子，我希望遇到怎样的老师？如果是自己的孩子，我们希望他遇到怎样的老师？好，你就去做这样的老师吧！所谓“爱心”“理解”“尊重”“平等”“儿童视角”“学生立场”“人道主义情怀”……都在其中了。

一个教育者应该是和孩子一道成长的学习者。他以儿童为师，以学生为镜，不断地反思自己的教育行为。陶行知曾说：人只晓得先生感化学生，锻炼学生，而不知学生彼此感化锻炼和感化锻炼先生力量之大。谁也不觉得您是先生，您便成了真正的先生。学习意味着不断地关注新知，包括教育界以外的新的科技和人文成果，随时以敏锐的眼光捕捉时代中能用于教育的因素，将其引入课堂。我经常说，要从社会的角度看教育，同时又以教育的眼光看世界。唯有这样，我们才能够不断地丰富自己，完善自己，提升自己。

只有具备了人格的追求、知识分子的视野和教育者的情怀，我们才谈得上关于课堂教学和班级管理的“专业发展”。这也是非常需要的，离开了具体的课程、课堂、教法，离开了对学科专业和学生心灵的研究，离开了智慧、方法、技巧……教育就落空了。在这方面，年轻教师当然还有许多地方需要学习，即使是经验丰富的教师也需要不断精进。相关的论述汗牛充栋，我想着重强调的是，所有的“术”都必须以“道”为坚实的基础。忽略了对真正的、完整的人格的追求，放弃了知识分子的视野、胸襟与使命，忽略了对教育和教育对象——人——本身的关注，而孤立地去追求所谓的“专业发展”，实为本末倒置，或者说是缘木求鱼。教师成长的“水”，就是我刚才所说的人格的追求、知识分子的视野和教育者的情怀。

当然，人格的追求、知识分子的视野和教育者的情怀，只能靠自己的修炼，显然不可能通过培训得以实现。培训只能是针对具体的技能，而修养和素养无法靠培训获得的，所以我曾经写过文章，对所谓“师德培训”的说法提出了质疑。

也许有人会说：“我们所说的‘教师专业发展’的‘专业’就包括了你说的这些啊！”

可是，何谓“专业”？简单地说，就是某种专门的学业以及从事的某种专门职业，这种“专业”一旦“化”，就具有了人们常说的“不可替代性”。那我们想想，对人格的追求、知识分子的视野，难道仅仅是教育者独有的吗？显然不是。非教育者也应该拥有。对教师而言，教育者情怀也不是某一学科特有的，而是所有教师都应该具备的。因此，将这些素养的提升过程仅仅说成是“专业发展”，至少在语言运用上就有问题，在逻辑上更是说不通。

同样的思路，我以前对“班主任工作专业化”提出过质疑，也写过一篇短文，但反响不大。以后有机会我再详细说说。

叶澜先生从教师是一个创造者的角度，谈了教师不应该仅仅是“专业发展”，而应该是“全人发展”，进而提出变“教师专业发展”为“教师发展”。我完全赞成，但我想更进一步也更明确地主张：

教师的成长并非仅仅是“专业发展”，也不只是“教师发展”，应该是“人的发展”，或者说，是“人的成长”。

2022 年 8 月 22 日

为正直的校长说几句公道话

有些人一提起校长就骂。在他们眼中，校长总是不学无术、取悦上级、压迫教师、以权谋私、贪污腐败……我相信这样的校长确实存在，我也十分痛恨，也曾写过文章抨击，但这样的校长绝对不是大多数。就像确有个别无良教师，但绝对不是大多数教师都这样。我无意为不良的校长辩护，但我必须为正直的校长呐喊。

一

公众号文章写多了，会发现一些规律：只要是为教师说话的文章，比如呼吁提高教师待遇，后面总是一片叫好："还是李老师理解我们，这才是接地气的真专家！"阅读量很快突破十万；只要稍微批评某些教师的师德问题，便总有些号称是"一线教师"的人愤愤不平："李镇西变了……"连有些教师明显犯了错误，也有人会想方设法地为犯错教师开脱，称其为有许多"无奈""令人同情"的受害者。总之，只要是"一线教师"，就永远是"对"的。

如果我顺着这"民意"写文章，说不定会享受"山呼万岁"的尊崇，但我却只想写我内心真实的想法。我多次说过，"镇西茶馆"写文章遵循"三不原则"：不迎合，不从众，不媚上。所以这里顺便再次提醒"镇西茶馆"的读者朋友，不要一有什么热点新闻，就问我“李老师怎么看”，或“希望李老师说点什么”。有想法，而且是独特的想法，没人提醒我也会写；但如果是众所周知的善恶，一清二楚的是非，我就觉得没必要写，无论多少人给我压力我也不会写。当然，有个别时候我即使想写，也不得不顾忌一下“镇西茶馆”的安全而有所“收敛”，毕竟“留得青山在”是第一位的。更多的时候，还是忠于内心。希望大家理解，不要因为我没写你希望写的文章，就痛心疾首说“没风骨”。

二

好了，似乎扯远了，回到今天的话题。看题目就知道我今天的文章很不讨喜，因为我今天要为校长说话。准确地表述，是我要为正直的校长说几句公道话。哪怕这会让一些教师感到不舒服。

校长总是靠吹牛拍马爬上去的，校长多半是些不学无术的人，校长的课还不如教师，校长总是玩弄权术，校长总是在评优选先和职称评定方面以权谋私，校长总是喜欢搞些形式主义的花架子，校长多多少少有一些腐败问题，总会吃回扣，哪有不贪的校长？……这是相当一部分教师的“共识”。所以在网上，只要一说到校长，文章后面往往是一边倒的谩骂，甚至“群殴”。

我知道，这其实是当代中国“官民对立”的社会情绪在学校的反映，因而许多教师对校长往往喜欢不假思索地“有罪推定”。何况校长队伍中的确不乏无耻之徒——不学无术，以权谋私，媚上欺下……这样的校长还不少，许多善良正直的校长则替这些无耻之徒背了黑锅。

但并不是所有的校长都像你说的那样！

我首先想说的是，绝大多数从一线成长起来的校长，在业务上都是“有几把刷子”的。无论是学科教学，还是当班主任，都有过引人注目的佳绩，这是他们被提拔的重要原因。当然这不是说没被提拔的教师业务能力都很弱，不，我就知道许多优秀的教师是不愿意从事学校行政管理的，而我当校长时也有意不提拔一些优秀的老师；但至少被提拔的老师，他们的业务能力是能够服众的。我这里说的是“一般来说”，如果有人非要给我举几个相反的特例，我只能说你是“杠精”。

三

“一般来说”，校长都经历了教研组组长、中层干部、副校长（有的地方还有“校长助理”）的历练，才走上校长岗位的。且不说他们中的大多数人都有一展宏图的责任感和事业心，即使从人性的角度看，“想做出一点事情”几乎是每一个校长的愿望。所谓不学无术，所谓不思进取，所谓无所事事……想长久地在校长这个位置上坐稳，几乎是不可能的。我说“几乎”，就为某些特殊的例外留下了余地。你同样不必抬杠。

我当然不能说校长肯定比普通教师辛苦。我既当过普通教师，又当过校长，可以负责任地说，当校长绝对不比当一个认真负责的教师轻松。当教师相对比较单纯，只要把自己的课上好，把自己的班理顺，就可以了；而校长的工作头绪之多，难以穷尽：教育规划、教学改革、课程设想、校园文化、学校基建、财务管理、党建工作、社区联系等常规工作，各种接待、迎检，还有突然通知的会议，还有学校随时都可能出现的各种意外状况……教师忙忙碌碌了一天，可以说出自己做了什么：上了几节课、批改了多少作业、找了几个学生谈心、处理了多少突发事件。但校长忙了一天，却说不出自己忙了个啥，无非就是不停地接电话，不停地接待来访者，不停地布置或督促工作，或在校园里这里走走，那里转转，毫无成就感。因此，我和许多校长都曾有这样的感慨：“还是当老师单纯啊！”

四

教师和校长有一个最根本的角色差异，就是当教师只为自己负责，而当校长则是为别人服务。当教师时，只要我课上得好，班带得好，分考得高，我就厉害，我就万事不求人，只有校长来求我！而当校长，我不但得惦记着整个学校的方方面面，而且心里得随时装着每一个教师，必须心细，否则保不准哪个教师就多心了，比如，哪个教师生病了而校长忽略了问候，可能生病的教师就会觉得“好寒心啊”。当教师时，不高兴了就抱怨，甚至找校长“理论理论”；但作为校长，必须学会忍气吞声，所有郁闷只能自己化解，因为得考虑大局。说得更直接些，教师对谁不高兴了，不理他就是了；但校长不行，即使心里厌恶哪个教师了（校长也是人，也有正常人的爱憎），也不能写在脸上，相反还得笑脸相迎，这不是城府，是为了学校工作。所以，有人说“当老师时是别人求自己，而当校长时是自己去求别人”，话虽然有些绝对，却不无道理。

当教师最烦学校布置一些“球莫名堂”（四川方言，意为莫名其妙，荒唐无聊）的事，比如，在迎接各种“督导”“检查”“验收”“视察”的时候，要求交这个材料补那个材料、平时各种过程性记录，还有各种表演性质的展示……教师在累得吐血的同时，往往骂校长“就喜欢弄虚作假讨上级欢心，然后往上爬”。其实，对于正直的校长来说，不但最累，而且内心最痛苦——良知让他觉得不应该这样做，但现实又逼迫他不得不这样做，因为社会对学校的评价往往就是看这些“花架子”。

五

为了让学校“上一个台阶”，校长有时候不得不说一些假话（而且还必须说得很真诚），不得不做一些自己都感到恶心的事（还得让人觉得自己心甘情愿）。如果他是一个普通教师，可以一甩手了之；但他是校长，不能意气用事，否则，影响的是整个学校的利益，注意，我说的是“利益”，还不是“发展”，而这个“利益”还关系着每一个教师。因此，在这种情况下，校长往往上面面临着局长“这是政治任务”的压力和“谁不执行谁下课”的命令，下面是教师不理解的议论甚至咒骂，真的是风箱里的耗子——两头受气。

一个学校的教师，少则十几人，多则几百人，校长面临的最大问题就是公平。我相信，即使不从人格上说，就算是为了学校平稳发展，校长也不敢放弃公平。教师们所说的在评优选先、职称晋升时暗箱操作的校长肯定是有的，但绝大多数学校的校长不敢（不是“不会”）如此胆大妄为，因为现在教师们的权利意识普遍比较强，校长不能不有所忌惮。同时，要相信还是有一些真诚、善良、正直的校长的，他们是真心在搞民主管理，这样的例子同样很多。

六

我还想特别指出的，在一个团队中，无论多么民主的管理，都不可能让人人满意，因为不存在绝对公平的制度。总有些教师，无论怎样都不满意。对他来说，让他感到民主的办法只有一个，就是什么都听他的；让他感到公平的办法只有一个，就是让他得利。否则，哪怕学校大多数人都赞成的方案，他都会说是“不民主、不公平”“校长乱来”。

但这种情况下，任何理智的校长都只能遵循“少数服从多数”的原则行事，否则，就是对绝大多数教师的不负责任。这样一来，自然会得罪个别教师，但没办法。普通教师可以当老好人，在学校谁都不得罪，人缘好极了，但校长不能。从某种意义上说，当校长必然会得罪人，这没有选择。能够选择的是，得罪多数人，还是个别人。如果不得罪多数人，那就只有得罪个别人；如果不敢得罪个别人，那得罪的就是全校教师。

现在做校长越来越难了，远不如过去自由，我主要说的是公办学校的校长。从积极意义上说，“不如过去自由”是为了规范对学校的管理，防止校长违规办学。但校长若没有人权、财权，所谓“教育家办学”从何谈起？尤其是近几年，校长的“紧箍咒”越来越多，要求越来越高、越来越严，要做的事也越来越多校长所承担的本职工作以外的“非教育任务”要比普通教师多得多，各方面所受的限制也越来越多，有的限制根本就不合理。

七

另外，校长财务报销方面也越来越严苛，校长没有财权。这当然是反腐败的需要，因为这样就可以从制度上消除校长腐败的可能，但同时校长也深感“什么事都做不了”，这也不行那也不行，而学校发展的要求又要求校长不能不做那些“不行”的事。你说校长有多难！

卸任校长后，曾有人问我：“不当校长是不是更轻松了？”我说：“不是。我现在负责全国的新教育实验，事情一点儿不比当校长时少，而且还经常在全国各地奔波，但我还是不愿意回学校做校长，因为校长压力太大了！主要有三个压力：首先是安全压力，其次是举报压力，最后是升学压力。而现在我没有这些压力。”的确，一个校园安全事件随时都可能让校长下课，一封家长的匿名举报信随时都可能让校长焦头烂额，年复一年的升学压力让校长几乎每天都喘不过气来。你说校长有多苦！

在这样的情况下，我们相当多的校长依然坚守在岗位上，为了学生的快乐，为了教师的幸福，为了学校的发展，殚精竭虑，任劳任怨，甚至忍辱负重。因为校长所做的一切，还不一定能够得到上级的好评，不一定能够得到教师们的理解。就像教师的最大动力来自学生的爱戴一样，校长的工作动力也更多来自教师的信任。

八

当校长时，其他校长遇到的困难、压力、苦恼，包括不被理解与信任，我都遇到过，但我之所以坚持做了九年校长，原因之一正是大多数教师的理解与信任。支持正直的校长，就是支持学校的发展，而学校有了发展，每一个教师才可能有真正的发展。从这个意义上说，善待正直的校长，就是善待自己。

没有统计学上的数据，我不好说是不是绝大多数校长是好校长，但至少我可以肯定地说，好校长不但存在，而且绝对不是一个小数字。

所以，我特别希望大家看完这篇文章后能实事求是地表扬下身边的校长。一位正直、善良、勤勉的校长，看到来自教师的表扬，该会多么感动！如果说，卑鄙的校长应该遭到谴责，那么，高尚的校长则需要鼓励啊！

今天我文章所说的校长的苦恼，其实也是局长、厅长的苦恼，所以本文也是为所有正直的局长、厅长说几句公道话。有时，在压力下，他们也不得不说违心的话，不得不做违心的事。在目前社会背景下，局长、厅长要做点事也难。

再声明一下，我这里所说的校长指的是正直、善良且真正想做点成绩出来的校长。校长队伍中当然有败类，我熟悉的校长中就有这样的人。我曾经工作过的一所中学，前几年有一个校长要人品没人品，要水平没水平，但据说花了一笔巨款“买”了校长的职位，结果把学校搞得乌烟瘴气，元气大伤。后来，此人因为贪腐落马，现在在监狱里服刑。我相信，全国这样的例子肯定还有。但我们不能以偏概全，认为所有校长“都不是好东西”。本文就是想为善良正直的校长说句公道话，想告诉大家，不是每一个校长都如你想的那么不堪。

总有人说：“校长应该由老师选，而不是由教育局任命。”这话听起来蛮有道理的，但经不起推敲。如果我们仔细琢磨，就会感到这事并非那么简单。我当然不是说，校长不应该民主产生，但怎么个“民主”法？值得研究。当然，这是另一篇文章的主题了。今天暂且按下不表。

2018 年 6 月 3 日写成

2019 年 3 月 18 日略有修改补充

校长应不应该由教师选举产生？

拙文《为正直的校长说几句公道话》在“镇西茶馆”推出后，收到了两条特别的评论。

其一：“校长应该由教师选，而不是教育局任命。这一点至关重要。但要操作好。要选就真刀实枪、公开透明。教育局任命不行，提名可以，再过老师们投信任票（五分之三的老师赞成）这一关。学校是由政府投资建的，没错。但政府的钱哪儿来的？还不是纳税人的钱？教师既是纳税人，又是学校主体，选校长我觉得名正言顺。当然，我承认很多校长是认真负责，有情怀的。当前教育系统的痼疾就是官僚主义、形式主义屡禁不止，与校长产生机制不无关系。”

其二：“呵呵，李老师天真了，校长是谁任命的？奖金谁给？搞清这些就晓得他是为谁服务的了。”

第一条评论明确说校长应该由教师选举产生，而且赞成票必须超过五分之三，理由是政府修学校所用的钱是纳税人的钱，所以“选校长我觉得名正言顺”。第二条评论没有明说“校长应该由教师选举产生”，但弦外之音，谁都听得明白。

对第一条评论，我这样回复：

“校长应该由教师选”看似是最正确的观点。办学主体是谁？如果是民办学校，那校长由投资方决定，显然不是教师选的；如果是公办学校，学校是由政府投资建的，显然应该由政府任命。除非是教师众筹办学，那教师有权决定校长人选。可惜很多人混淆了这一点。最好的办法是教育局提名，充分征求民意，但非投票多少决定。教师虽无权任命校长，但有权监督校长，这个机制必须有。如果教师对校长不满，可以通过投诉等方式，建议教育局罢免。是的，教育局投资花的是纳税人的钱，但享受对象却不是全体纳税人，除非特定的一群纳税人要求用他们的纳税款修学校。当然这是不可能的。不能笼统地说“教师是学校的主体”，只能说，教师是学校实施教育行为的主体，而办学主体依然是政府。通常我们爱说教师是学校的主人，这是从职业责任的意义上说的。教师并不是法律意义上的主人。

对第二条评论，我的回复更简单了：

呵呵，您天真了，您认为校长应该由谁任命呢？

因为微信公众号留言字数有限，我只能这么简单回复几句，说得并不是十分严密。这里，再略作补充和修正：

民办学校或私营企业显然没有校长或老板由“选举产生”一说，那公办学校和医院、国有企业以及政府各机关行政领导——比如教育部（厅、局）、公安部（厅、局）等的部长（厅长、局长）——是不是就该由所在机关的成员投票选举产生呢？似乎应该，而且“理所当然”，因为你们是靠纳税人的钱养活的呀！

但是，退一步说，姑且认为这个“道理”站得住脚，如果说一定要“选举”，那也不应该只是由某个学校的教职员工、某个医院的医护人员、某个国企的全体员工、某个机关的全部人员来选，因为其所在的机构（学校、医院、企业、机关）是属于全体受惠者（即“服务对象”）的，而不只是那个单位里的人的。比如，一个医院的几十或百来个医护人员，就替所有患者把院长选了，这不很荒唐吗？

还是回到“学校校长是否应该由教师选举产生”这个问题。校长服务于教师，但从根本上说，是服务于所有学生，以及学生背后的家长。即使要选，选举人也不应该仅仅是教师，还包括所有学生及其家长。你一个学校的老师，凭什么就代表上千家长把为他们服务的校长给选了？你获得了家长的授权吗？就算你获得了家长的授权，可他们的孩子过几年就毕业了，那后来的孩子们的家长按说就得重新授权你选新的校长才行，这个逻辑是绝对正确的。如果不重新选校长，后来的学生家长会问：凭什么以前的学生家长就代我们决定了校长？可是，如果真的要重新授权选校长，这，这，这……这不乱套了吗？

哈哈，幸好这只是我的推论，而不是现实中真正发生的事。现实中不可能发生这样的事，是因为我这个推论是建立在“退一步说，姑且认为这个‘道理’站得住脚”的基础上的，而这个“道理”根本就是站不住脚的。

主张“校长应该由教师选”的教师可能没有想到，这种想法是违法的。我这话说得似乎有些耸人听闻，但绝对没有夸张，因为这样的主张的确是违背相关法律的。

《中华人民共和国义务教育法》第二十六条：学校实行校长负责制。校长应当符合国家规定的任职条件。校长由县级人民政府教育行政部门依法聘任。

虽然我在这里讲为什么校长不能由教师选，但其实这个问题在现实中是没有讨论的余地的，法律已经明确规定：“校长由县级人民政府教育行政部门依法聘任。”

所以我说，所谓“校长应该由教师选”的说法，是看似最正确因而最能赢得一片喝彩的观点，但这的确是错误的甚至很荒唐的观点，也是违法的。国家主席、省长和市长必须人民选举产生，因为他们分别是为全国人民、全省人民和全市人民服务并负责的，他们的薪水都来自国家的财政税收。但政府所领导的各级部门（比如教育局、文化局、公安局等）和各类企事业单位（包括学校）的领导人，由上级部门任命，这是符合行政逻辑和法定程序的，归根结底，这些权力都是来自人民的。

还有老师以为欧美发达国家的中小学校长是由教师“民选产生”的。这是大大的误解，至少就我的了解，不是这样的。比如美国公办学校的校长由学区（相当于我们的教育局）任命。

当然，还要说明的是，学校校长由政府任命，不等于校长的产生和校长的工作只能一切听命于上级，而和普通老师无关。不，上级提名校长应该广泛听取民意，任命后还要有监督机制，包括一年一度来自教师的民意监督，使校长不能仅仅“唯上是从”，还要通过管理服务于广大教师和学生及其家长。

也许有老师会认为我说的只是“理想化”的状态。是的，我承认在这方面，我们还有很长的路要走。但是，我所说的监督机制事实上已经存在，而且已经庄严地写入了《中华人民共和国教师法》。

《中华人民共和国教师法》第七条规定：对学校教育教学、管理工作和教育行政部门的工作提出意见和建议，通过教职工代表大会或者其他形式，参与学校的民主管理。

总有老师会说这是“写在纸上的”，不，这并非完全是摆设。据我所知，近几年不止一个校长因为教师意见太大，投诉至教育局而被免职——用通俗的话说，就是“被老师轰下了台”。

现实虽骨感，但理想不能放弃自己的丰满。我们每一天的努力，都向理想迈进了一步。只是我们不能把问题简单化，以为靠“老师选校长”就能解决一切问题。

何况我们追求的应该是民主，而不是民粹。

2021年6月21日

中小学引进名校博士究竟好不好？

中国教育问题很多，这几乎是“共识”。无论是谁，包括教师本人，都能从自己的角度说出教育，尤其是中小学教育的一大堆不是。怎么改呢？有人认为关键要改革高考制度，有人认为首先要改革教育体制，有人认为核心是改革基本课程，还有人认为，最根本的是要提升教师的素质。我同意最后一个观点。因为教育的一切，都必须通过教师去实施。教师，是教育的“第一生产力”。

然而，提升教师素质何其难矣！对于已经入职的业务素质不高的教师，哪有那么容易就能够被“提高”？对于一些在应试教育中“百战百胜”的名师，要改变他们的观念与做法更是难上加难，因为应试教育给他们的每一枚勋章，都同时是抵御素质教育的盔甲。

在这种情况下，比较现成的办法，或者说捷径，就是直接从中外名牌大学中招收博士、硕士到中小学当教师。最近几年，北京、上海、深圳等一线城市的著名中学正是这样做的。

据媒体报道，深圳中学 2020 年新入职的 66 名教师中硕士 39 人、博士 21 人、博士后 6 人。毕业于清华、北大的有 33 人，此外还有来自剑桥、牛津等海外名校的硕博毕业生。甚至还有大学教授级别的人才也跳槽到深圳中学，如南方科技大学助理教授罗天挚就辞职到深圳中学当了一名高中化学教师。

网上流传着一份“深圳中学 2021 年新入职教师名单”。这份名单中，2021 年该校物理、化学两门学科新入职教师有 17 人，其中 16 人为博士、博士（后），并含波士顿大学、牛津大学这样的世界名校毕业生。

我这里只是以深圳中学为例说明名校引进高学历教师的现象，并不对此做任何褒贬评价。事实上，不只是深圳中学，也不只是深圳，在一线城市和许多省会城市，名校博士应聘中学甚至小学教师的现象，也已不是个例。

如何看待这种现象？我有以下思考。

长期以来，我们一直希望最优秀的人能够到中小学任教，因此，我对博士们入职基础教育，总体上持肯定态度。虽然“最优秀”的标志不一定是“名校博士”，但毕业于名校并拿到博士学位的学霸们，一般来说综合素质还是比较高的。如果有人非要拿一两个“高分低能”和“品学不一”的例子来反驳我，以证明“成绩好不一定能力强，也不代表人品好”，那我只能认为他是成心抬杠。

博士（这里的“博士”是修辞上的“借代”，以“博士”指称高学历的青年才俊，不一定专指“博士学位”，也包括名校硕士）到中小学任教不仅仅是知识的教学，还有学习方法的传授和各种能力的培养。一般来说，高学历的教师在这些方面是有优势的；更大的意义是，他们会以自己开阔的视野给孩子们打开更加广阔的世界的大门，他们会以自己强健的思维激活孩子们聪明的大脑，为我们的未来培养更具世界竞争力的中国人。

就我目前听到的一些关于“博士进中学”的质疑，都不值一驳。

“高文凭就能教好中学？”按这个“逻辑”，低文凭就能够教好中学？学历当然不是能够教好书的唯一因素，但高学历总比低学历好，这是事实。

“文凭就代表水平吗？”当然不是唯一的代表。我们完全可以找出没有大学文凭却在大学教书的大师，甚至小学毕业的沈从文还当了北大教授，但这不能成为反推出“文凭无关紧要，博士文凭对中学教师更是不重要”的理由。

“没有经过师范训练的博士怎能胜任中小学教学？”的确，中小学教师需要一些特定的知识与技能，但这些知识和技能远不是处于首位的，获得这些知识与技能，更远不是我们想的那么不容易。何况，有关“师范”知识技能的获得与训练，更多的还是通过入职后的实践。于漪、钱梦龙等教育大师，都不是师范专业出身。

“这不过是名校炒作的一种手段！”如果人家真的引进了具有真文凭的博士，宣传一下又何妨？你要说是“炒作”也可以。多年来，我们不是一直希望能够有最优秀的毕业生当中小学教师吗？现在有了，却不许“炒作”，这是什么逻辑？

“这些博士未必是真心热爱基础教育，不过是想留大都市，追求高工资而已。”并非所有后来热爱教育的人当初都是因为“热爱教育”而报考师范，很多人是参加工作后才慢慢爱上教育的，比如我。所以对教师的职业情感来说，“先结婚后恋爱”也大有人在，这不可耻。至于“留恋都市”“追求高薪”更不可耻。至于许多边远地区的中小学连本科生都很难招到，那是国家层面应该考虑的制度设计和政策引导，而不能让应聘中小学的博士承担责任。张桂梅令我肃然起敬，但不可能人人都是张桂梅，要求人人都必须是张桂梅是典型的道德绑架。我倒是由博士被高薪吸引而入职中小学这事儿产生了联想：如果我们整个国家都能通过高薪吸引更多的孩子报考师范并从事基础教育，这不是一件大好事吗？

当然，对于博士应聘基础教育，我也有担心。我担心在目前中国强大的应试教育环境中，这些本来是优质人才的毕业生，在中学教了几年书后，慢慢变成了应试教育的帮凶，尤其是他们中许多人正是靠应试教育考上的名校，因此，对应试教育更有切身的“经验”，于是他们很可能成为比其他非博士学历的教师更精准，更“有效”也更“残忍”的应试教育的高手，高学历带给他们的所有超越中学课本的知识都已经消失，最后他们自己也被束缚于应试教育上——入职是博士水平，而退休时是高三水平。

这才是我最担心的。

但愿目前已经入职中小学的博士，能够以自己辉煌的实践，回答种种质疑，也消除我的担心。

2022 年 1 月 9 日

挂牌“名校”，请别忽悠老百姓！

挂牌“名校”这事有一些年头了。全国各地到处都有以名校的校名冠名的学校——我说的是“冠名”学校，意思是这些学校只是在自己原来的校名前缀一个名校的牌子。也有的学校是新办的，因为校名中有“××大学附中”之类的字样，于是，刚刚开学，从零起步就变成了“名校”。

当然，客观地说，名校通过输出文化理念、特色课程、管理模式、优质师资……在异地通过改造旧学校或者兴办新学校，让更多的孩子能够在家门口就读真正的名校，这毫无疑问是一件利国利民的事，不但无可指责，相反，应该大力提倡。这样的真名校在全国各地不少，并发挥着积极的作用。

但我今天批评的是那种仅以名校冠名的伪名校。这样的所谓“名校”除了一个响亮的名校牌子外，并无名校的实质内容，但这不妨碍房产开发商大涨房价且销售火爆，不妨碍名校大收管理费且一本万利，不妨碍伪名校学费大涨且一位（学位）难求……如此好处多多，“共同富裕”，难怪当今中国伪名校遍地开花，偌大一个中国，现在几乎找不到没有“名校”的地方了。

伪名校的泛滥，对教育、对家长、对孩子、对名校、对社会造成的危害是显而易见的。

对教育，伪名校极大地破坏了良好的教育生态。本来就不太公平的教育因伪名校而更甚，它加剧了义务教育阶段不应该有的生源大战。对学优生的垄断，对学困生的排挤，本来违反《中华人民共和国义务教育法》的择校行为，因为“名校”，而成了“理所当然”。

对家长，伪名校加剧了家长的攀比与焦虑。在不能让孩子“输在起跑线上”的错误观念支配下，盲目地为孩子创造“优质教育资源”，不惜节衣缩食把孩子送进“名校”，严重增加了家长的经济负担。在盲目崇拜“名校”的同时，扭曲了教育观。

对孩子，伪名校给当地的所有学校都带去了更大的竞争压力。这种压力自然转嫁在孩子身上，尤其是义务教育阶段的孩子。无论是否挤进了“名校”，他们都随时处于莫名的紧张中，完全失去了学习应有的从容与自主。

对名校，伪名校是一种自毁形象的存在。一般来说，没有名校的默许甚至配合，伪名校是很难产生的。在利益的驱使下，挂名卖牌子，成了名校的创收捷径。但如此急功近利，完全失去了名校应有的诚信与责任，最后是砸了自己的品牌。

对社会，伪名校实质上是对公众的欺骗。如此多方合谋而又堂而皇之的教育欺诈，严重破坏了人与人之间、学生及其家长与学校之间的信任，所谓“诚信”成为笑话。而一旦“伪名校”露馅儿，家长的愤怒必然引发社会不稳定事件。

有人会问：“对我们普通老百姓来说，怎么才知道名校的真伪呢？”

我认为，判断一所学校是某名校的嫡传还是假冒，至少有这四个标准——

第一，理念传承。任何一所名校都有几十年甚至上百年的历史，必然形成了自己独有的文化理念。比如北大附中，自然应该有北大“常为新”“博雅”“野蛮其身体，文明其精神”“学术自由、兼容并包”等精神。那么，全国各地的“北大附中”，其学校的方方面面，必然也应该有这些理念的体现。否则，就是假的！

第二，课程引进。课程是一个学校教育理念、教育内容、教育目标的载体。没有了课程，教育就是一句空话。任何一所名校，在国家统一课程之外，必然有体现自己理念的特色课程。这些课程包括人文的、科学的，还有显性的、隐性的，以及校内的、校外的……所有以名校冠名的学校，都要引进这些课程。

否则，就是假的！

第三，管理相同。即使相同的课程和师资，在不同的管理理念和管理模式下，完全可能呈现不同的教育境界。名校之所以著名，管理是其核心竞争力之一。名校在全国各地的冠名学校，尽管校长和中层干部不一定直接来自名校，某些具体的做法也许因适应当地的实际情况而有所不同，但基本的管理模式应该相同。否则，就是假的！

第四，师资共享。没有一大批优秀的教师，再优秀的校长也办不好学校。名校的优势就在于名师云集。作为冠名校之名的各地学校，当然不可能直接共享名校的教师，但共享名校对教师的统一招聘、统一考核、统一录用、统一培训，是可以的。有了这些共享的“统一”，就能保证师资的优秀，就是真名校。否则，就是假的！

此外，还有在科研、备课、评价等方面的协同一致，乃至通过信息技术还可以实现课堂的同步，等等。但我认为，上面四条是判断真假名校的最关键的标准。

我在全国各地见过不少以名校冠名的学校，我基本上就以这几条来判断其真伪。比如，北大培文在全国范围内兴办了接近40所学校，它们的办学理念、文化、规定动作都统一，这也保证名校不走样，冠名学校也不会稀释名校品牌。

几年前，我曾经和某地教育局的一个干部私下聊到这个话题。因为是“私下”，他直言不讳地说：“嗐，建一所新学校就冠一个名校的名，这就是忽悠老百姓！”然后他调侃道：“我们这里的三所顶尖级名校——市一中、市外国语学校和市实验学校都在以扩大优质教育资源为名，到处卖牌子，以后我们市的所有学生都是这三所名校的学生了！”

我当时忍不住说：“这三所名校都是属于你们教育局管的公办学校啊！难道它们卖牌子不是你们批准的吗？”

他没想到我如此直率，顿时语塞，然后很尴尬地苦笑：“你懂的，你懂的……”

有一个成语，叫“沐猴而冠”，意思是猴子戴上帽子装扮成人，实际却徒有其表，依然是猴子。本来这个成语是用于讽刺依附权势窃据一定权位的人，我今天用这四个字来送给那些“伪名校”。

不要以为你戴顶帽子就不是猴子了！

2021年3月19日

现行职称评定制度，到了非改革（或废除）不可的地步了！

——由姚燕燕事件引发的几点感想

只要稍微耳闻窗外事的教师，都应该知道闹得沸沸扬扬的“姚燕燕事件”。所以，关于这事的经过和细节，我就不再赘述了。

4 月 8 日，山阳区人民法院驳回了姚老师的诉讼请求后，姚老师随即上诉到焦作市中级人民法院；4 月 29 日，焦作市中级人民法院庭审结束，二审结果维持原判。应该说，姚燕燕所选择的司法维权道路，已经走到了尽头。

现在，我有几点想法——

第一，姚老师试图通过法律途径维护自己的权益，其做法和动机都无可指摘。

姚老师感觉自己遭遇不公，没有吵闹，没有撒泼，没有采取种种极端手段，而是理性地选择司法途径，以维护自己的合法权益，这是她的权利。是的，姚老师所做的一切都是为了她自己的权益，但这并不可耻。不能要求每一个教师都是大公无私为别人谋幸福的圣人。千千万万普通教师对自己权益的维护，就是对整个教师职业尊严的维护。这有错吗？

姚老师的具体做法，并非一点问题没有，但任何一名普通教师，依法维护自己的权益，这种“自私”一点儿也不可耻！

第二，教师维权应该得到更有力的法律保障。姚老师上诉被驳回和最终败诉，焦作市中级人民法院维持原判时给出的理由是：这个问题属于内部人事管理行为，不能作为行政诉讼的对象。也就是说，姚老师压根儿就不应该起诉教育局，因为她找不到支持自己的法律依据。的确，如果理性地看待法院判决，那么就不能说法院判决不公，因为《中华人民共和国教师法》第三十九条规定，教师对学校或者其他教育机构侵犯其合法权益的，或者对学校或者其他教育机构作出的处理不服的，可以向教育行政部门提出申诉，教育行政部门应当在接到申诉的30日内，作出处理。教师认为当地人民政府有关行政部门侵犯其根据本法规定享有的权利的，可以向同级人民政府或者上一级人民政府有关部门提出申诉，同级人民政府或者上一级人民政府有关部门应当作出处理。一看《中华人民共和国教师法》这条规定，我们就明白了，尽管抽象地看，姚老师依法维权无可指摘，但具体到这件事，姚老师根本就没有“上诉”的权利。既然要“依法”，那法院的判决当然是没错的。问题是，自己明明遭遇到了不公，除了向上级行政部门申诉外，却不能向法院起诉，姚燕燕失去了法律支持。我觉得这里的“法”应该更完善。

第三，标准的制定和程序的实施，应该做到真正的公正。

我注意到个别网友有这么一个观点：学校的评职称规则有问题。为什么当初表决时，姚老师也是举手支持的？也就是说，学校后来评选职称的规则，正是包括姚老师在内的所有老师举手通过的。

我认为这个观点似是而非。从表面上看，的确是很“民主”的，程序也很“公正”。但是，我们太习惯这种虚伪的“民主”了。其他不多说，我只问一个问题：为什么不搞无记名投票，而且当场唱票？所谓“举手通过”，在那种场合下，是不是有人敢不举手？

这种“被动同意”“被迫自愿”的事儿，我们经历的还少吗？

第四，现行职称评定制度不能再继续执行下去了。

按说，我是现行职称评定制度的受益者，当年评高级教师，我比较顺利。这和我所在的学校和教育局的相对公正有关，也和20多年前相对纯净的风气有关。但现行职称评定制度招致了越来越多一线教师的抱怨。

我的朋友王开东曾写了一篇文章《珍爱生命，远离评职称》。文中有这样的话：“无论是职评顺风顺水的教师，还是遭遇滑铁卢的教师，大家无不对职评深恶痛绝。”

说“大家无不对职评深恶痛绝”可能有些过分，但相当多的中小学教师对现行职称制度不满意，这是事实。

究竟有多“不满意”？不能仅仅凭感觉，得用数据说话。2018 年 11 月，我以我的微信公众号“镇西茶馆”为平台，在全国中小学教师中搞了一个以职称评定意愿为内容的调查。

参加那次调查的教师为 38694 人，覆盖全国 32 个省、自治区、直辖市。

调查数据显示，绝大多数教师认为现行职称评定制度不能调动教师的工作积极性，呼吁改革。

对“您认为现行职称评定制度是否能够调动老师的工作积极性”的调查题，仅有 3.86% 的人认为“是”，而 79.44% 的人认为“否”，还有 16.59% 的人表示“不好说”，另有 0.11% 的人没答题。可见绝大多数教师没有感到现行职称评定制度能够调动他们的工作积极性。

对“现行教师职称评定制度是否需要改革”的调查题，96.89% 的教师认为需要改革，有 2.21% 的人感觉“不好说”，仅有 0.73% 的人主张“维持现状”，还有 0.17% 的人没答题。可见，呼吁职称评定制度改革是相当广泛的民意。

因此，我在 2018 年的“中国教育三十人论坛”上，专门以《教师评价与职称改革》为题做演讲，呼吁职称评定制度的改革，并提出了四项改革建议。

（1）按需配置名额：教师符合标准该评就评，而不是让有限的指标诱发教师之间的矛盾；（2）精简评选标准，让评价标准回到教育教学本身，重视教育教学质量的提高；（3）参考公务员体系里的自然晋升，或让职称与工资脱钩，仅作为对教师专业技术的荣誉称号；（4）对教师采取阶段性业绩的考核，降低职称对工资的影响，增加教龄津贴，提高基本工资。

但两年多过去了，我的想法有了改变，我认为，与其不痛不痒地“缝缝补补”，不如干脆取消现行职称评定制度，改为按教师教龄自然晋升工资。

2018年，我曾两次去丹麦考察教育。在北菲茵市斯莱特学校，我曾问校长：“丹麦有职称评定和评优选先之类的事吗？”

他开始没听懂，我向翻译详细解释了“职称评定”和“评优选先”的意思，翻译又给他翻译了，他终于明白了，回答说：“没有。”

我问：“教师之间的工资有差别吗？”

他说：“在丹麦，校长无权决定教师的工资是多少。教师的工资一般由基本工资和资历工资构成。每个教师所教的年级和科目如果相同，那工资都是一样的。12年中，教师的工资有三个晋升的阶梯，只要没有大的失误，只要到了那个时段，自然就晋升了。只要没有大的问题，根据年限教师的工资自然增长，所以我没有压力。”

我想，我们为什么不可以借鉴这个办法呢？取消名额限制，只要教师在工作期间爱岗敬业，没有大的失误，到了一定的年限工资自然升级。这不挺好吗？

当然，中国这么大一个国家，关于工资制度的改革是一个极为庞大而复杂的系统工程，远不是我这么几句话就能说清楚的，需要集思广益，科学论证。

但现行职称评定制度的确已经远离了它的初衷，到了非改革（或废除）不可的地步了。

虽然人微言轻，但大家都来呼吁，总会有希望。每一位一线教师对自己权益的维护，都是对制度建设的积极推动。

因为从某种意义上说，我们都是姚燕燕。

2021年5月6日

考上了几个北大、清华，就能证明你的“教育质量”很牛吗?

——和一位教育局局长的聊天

几年前的秋天我去某县讲课，中午和教育局局长一起吃饭。

局长说：“唉，我们县的教育一直很落后，每年考不上几个本科……”

我正想如何安慰他，他话锋一转：“不过，现在有希望了。因为刚上任的县委书记对教育非常重视！”

我问：“怎么个重视法？”

他说：“在全县干部会上，他给自己立下军令状，说一定要在他的任期内，实现我们县考上北大、清华人数‘零的突破’。这话令人振奋啊！”

这话让我也有些“振奋”起来，遂又问：“这个目标怎么实现呢？有什么具体的举措吗？”

当时，我首先想到无非就是去别的县挖优生之类，可局长说：“县委书记做了一个决定，就从今年 9 月开学起，拿出几百万元，把从本县最好的中学高一新生中选拔的 50 名最优秀的学生，送到省城实验中学去，让我省最牛的中学代培三年。孩子已经选拔出来，两个月前就送到省城实验中学了。”

我一听便笑了，忍不住说：“这哪是重视教育啊！县委书记在‘打造’他的政绩呢！”

局长对我的说法有些不理解。我解释说：“他希望多少年之后，老百姓提起他，会说，‘我们县还是那年某书记在这里的时候，有过一个(或两个乃至几个)学生考上过清华、北大！’书记要的就是这个‘口碑’。”

局长说：“让我们这穷县的孩子考上清华、北大，这有什么不好吗？”

我说：“当然好！但是，难道你们县的教育就是为那极个别可能考上清华、北大的学生办的吗？且不说，这几百万元代培费没有正当的依据，就算有依据，凭什么纳税人的几百万元就被书记用在少数几个人身上？除了考上清华、北大的极个别孩子，你们县每年更多的高中毕业生怎么办？”

局长说：“毕竟我们县三年后可能有考上北大、清华的孩子了，这‘零的突破’总归还是我们县教育质量得到提升的标志吧？”

我不客气地直言道：“就算三年后，你们送到省城代培的学生中，有考上清华、北大的，也只能说和那几百万元有关，而和你们县的教育质量丝毫不沾边！因为他们并不是你们县的教师培养的，而是省城最好的重点中学培养的。”

局长似有所悟：“嗯，你说的有道理。不过，我感觉新任县委书记还是有教育情怀的，不然他不会这么有魄力地拿出几百万元，把尖子生送到省城名校……”

我说：“哪有什么‘教育情怀’？他这是‘政绩情怀’！他想的是如何给自己脸上贴金，而不考虑如何真正通过教育给全县绝大多数孩子以美好的前途。如果他真的是重视教育、关心百姓，就应该加大本县的教育经费投入，改善办学条件，尤其是把更多的钱用于教师待遇的提升，以吸引更多的优秀教师到你们这里来工作，并能够稳定下来。那几百万元就不应该用在那几十个冲刺清华、北大的孩子身上，而应该用在本县教师身上。”

“那几个考上清华、北大的学生，虽然不是我县中学培养的，但毕竟还是我们县的呀，所以他们考上清华、北大，也是我县的光荣嘛！”局长这样说的时候，满脸红光，好像他已经看到三年后北大、清华的录取通知书了。

我问局长："就算有几个孩子考上了清华、北大，他们毕业后会回来工作吗？"

局长说："那肯定不会的。"

我说："来自贫困地区的孩子，清华、北大毕业后几乎都不愿回家乡，而是留在大都市甚至出国。我非常理解，我们不应该对他们进行'道德绑架'，毕竟他们回来可能也用非所学。而留在本县的，恰恰是那些考不上大学的落榜生。当然，其中会有一些人外出打工，但毕竟还会有一些人留下来，他们是建设家乡、发展家乡的主力军。作为县委书记，应该不仅仅是考虑怎样让少数尖子考上名校，更应考虑大多数没考上大学的孩子如何拥有将来立业的技能，既让他们有生存的本领，又能推动家乡的发展，这才是真正的重视教育！"

局长说："考上北大、清华的孩子，他们的家长会感谢县委书记的。"

我忍不住有点生气了："难道你们县的教育就是为那几个天赋很高的孩子办的？你们教育局就是为那几个家长而存在的吗？实际上，对绝大多数老百姓来说，本县考了几个北大、清华，他们并不关心，最多在媒体炒作的那几天羡慕一下'别人家的孩子'，他们更关心的是自己孩子将来的出路在哪里！"

局长说："你说的当然有道理，但现在哪个县不比拼'北清率'？我也没办法啊！"

你没办法，怎么好意思当局长？我心里这样想，但没说出口，当然是碍于面子，但更多的是因为看不起他。不想说了，说得再多，都是对牛弹琴。

四年过去了，我不知道那个县后来是否真的实现了考上北大、清华人数"零的突破"，也懒得去问。

我知道的是，那个县的县委书记和教育局长的"教育质量观"和他们的举措，并非个别。相当多的地区，依然是把几个、十几个乃至"成建制"的几十个学生考上北大、清华，作为本地区"教育辉煌成就"的唯一标准。

不得不说，这样的县委书记和教育局局长是可悲的。

当然，他们仅仅是可悲而已。更有一些县的超级中学跨地区“掐尖”，不择手段地将别人的优生抢来培养，每年高三学生成建制地考上北大、清华，可它们居然好意思大肆吹嘘是自己“培养”的！

没有当地领导和教育行政部门的支持，它们做得到吗？

这些地方的行政部门领导是可耻的。

2021年5月27日

请不要随意给教育贴标签

一家机构请我去讲课，给我拟定的题目是“‘双减’背景下如何做一个好教师”。我回复：“对不起，我不会讲这个题目。因为我只知道如何做一个好教师，而不知道‘双减’背景下如何做一个好教师。”

不只是这一家机构，最近半年来，好些邀请者给我的“建议”题目都戴了个“双减”的帽子：“‘双减’之下，如何提升教师的专业素养？”“‘双减’之下，如何立德树人？”“‘双减’之下，如何进行班级管理？”“‘双减’之下，如何进行青春期教育？”“‘双减’之下，如何转化后进生？”“‘双减’之下，如何开好班会课？”……

当然，必须承认，“双减”后，教育生态发生了变化，必然影响课堂教学和班级管理，有些课题的确是“双减”之后出现的，而且“双减”政策也要求我们或主动或被动地对已有的一些做法进行调整或改革。这是客观现实。

但问题是不能什么都扯到“双减”，教育的一些基本要素、基本理念、基本原则、基本特点、基本做法，无论是否“双减”，都是永恒的。不能一来个什么“文件”“通知”或“新政”，马上就一窝蜂地蹭热点、炒概念，并将这些热点、概念当作一个筐，什么都往里面装。

一名搞教师培训的负责人对我说了实话：“加上‘双减’

比较吸引人，有利于我们招收学员。现在许多校长和教师都爱听。”我想到了这么多年来，我看到的一些令我发笑的培训主题：“供给侧背景下的学校管理高峰论坛”“基于核心素养背景下的课堂改革国际研讨会”“基于立德树人、培根铸魂的教育创新论坛”“后疫情时代的师生关系建构模式高峰论坛”……总之，什么新词儿一出来，马上就会时髦地用到“吸眼球”的地方。

培训机构用这些热词来写培训通知，可以理解。但作为校长和老师，如果也一味地蹭热点，就很可能会让教育变味。

刚才说了，不是说教育就不需要改革和创新，但今天一个新理念，明天一个新模式，今天一个新提法，明天一个新口号，这不是教育本身，而是对教育的折腾。我还发现，现在的“新精神”提出的频率越来越高，或者说周期越来越短。上周的新词儿还没消化落实，今天又出现一个新词儿了。而每一个新精神一出来，上级都要求“认真学习”“深刻领会”，然后做规划、求落实，一层层压下来，最后校长和教师不堪重负。

有的是上级的要求，但有的却是校长和教师自己喜欢赶时髦。说话写文章首先想的不是自己面对的学校和学生的实际情况，而是上面有什么新精神和新提法，然后拼命往上套。梳理一下，这么多年，我们的发言稿和文章中有多少套话：“为了贯彻或落实什么什么精神……”“基于核心素养的……”当我们的眼睛只盯着新提法的时候，孩子的心灵已经远离我们了，教育自然也就消失了。

“‘双减’之下如何做一个好教师？”我的回答：“如果你不是一个好教师，‘双减’与否都和你没关系。如果你是一个好教师，管他‘双减’不‘双减’，你该怎么做还怎么做！”

不是说好教师就不与时俱进了，比如，也许落实到某一个教育环节或细节，“双减”的确会让我们的工作有些调整。这不是教师应该做的吗？如果你真的是一名好教师，随时关注社会变化，随时感受时代脉搏，随时研究学生心灵，随时破解教育难题，这是自然而然的，是好教师应有的自觉与智慧。相反，如果你不是好教师，天天被“培训”也没有用。

最近，开始热炒“元宇宙”了，过段时间会不会有“元宇宙背景下后疫情时代基于核心素养‘双减’的立德树人模式高峰论坛”？

2021年12月14日

大学教授就一定比中小学教师更牛吗?

今天，我的朋友檀传宝兄发了一则微信——

> 最近，某市又评了两百多位“教授”级中小学教师。最可爱的是，以后他们的名片上都会写“教授”二字了。教授，不过一种工作岗位而已。这些本不该属于他们的标签，实际上会矮化中小学杰出教师，也贬低了他们的独特贡献。就如我们不能说：男人级女士，或女士级男人。

我点赞道:“同意。我曾经写过一篇文章,就是你这个观点。”

我马上去找几年前我写的那篇文章，一时却没找到。于是，干脆重写一篇短文，重申一下我的观点，以表达对传宝兄的支持。

近年来，我去外地开会或讲学，常常被人介绍或称为“李教授”。我总是要解释：“我不是教授，我是中学教师。”如果对方是我比较熟悉的人，我会调侃：“谢谢你给我评上了‘教授’，那你可得给我‘教授’的薪金哦！”

很多年前，我请钱梦龙老师来我校作报告，我对教师说：“让我们用掌声欢迎钱梦龙老师为我们作报告！”中午吃饭时，和钱老师聊起“教授”这个话题，他说：“经常有人介绍我是‘教授’，我不接受，我说我就是中学教师。我不认为中学教师就比大学教授差。”

我完全同意钱老师的话。

教授，是大学教师的一个职称，中小学根本就没有“教授”这个说法。大概在不少人看来，称某一名中学或小学老师为“教授”，是为了说明他学识渊博吧，所以觉得“教授”用在一名中学或小学老师身上，是一种“尊称”。

但这种“尊称”有一个似乎天经地义的前提，那就是中小学教师的分量是不如大学教授的，为了说明某中学或小学教师德高望重，便将其“拔高”为“教授”，至少让人觉得这位中学或小学教师是相当于教授的。

在这里，中小学教师的分量是以大学教授为尺度来衡量的——或不如教授，或相当于教授。总之，中小学教师没有自己独立的价值、地位。

大学教授就一定比中小学教师厉害吗?

就任武侯实验中学校长后不久，附属小学的老师希望我去给小学生上一节课，我毫不犹豫地就答应了，而且自信满满：我走南闯北上过那么多公开课，区区一堂小学生的语文课算什么?

那次是给二年级的孩子上课。一进教室我就蒙了，面对活蹦乱跳的娃娃们，我简直手足无措。我要他们“遵守纪律”“坐好”“别说话”……可天真烂漫的他们好像根本听不懂我的话，对着我萌萌地笑。那堂课上，孩子们倒是很开心，一直笑声不断，但我知道他们根本没听懂，而我上得满头大汗。

下课后，我对附小的老师说：“我现在知道了，小学老师比大学老师更了不起！因为大学老师在课堂上面对的是知书达理的成人；而小学老师在课堂上面对的，是一群猴子！”

从此，我再也不去小学上课，因为不敢。

我没有贬低大学教授的意思。就某一专业领域，大学教授的学问应该更广博更精深，但中小学教师的学养同样不可小看。单从知识储备上说，许多中小学教师未必逊于大学教授，就是从课堂教学专业技能而言，中小学教师也是大学教授无法替代的。于漪、钱梦龙、斯霞、李吉林……这些可以被称作“先生”乃至“大先生”的老师，难道还需要用“教授”二字去“尊称”

他们吗？

中小学职称系列的最高级别是“正高级教师”，有人解释说：“相当于正教授”或“教授级高级教师”。这些都不对。正高级就是正高级，和是否“相当于教授”没有关系。

“相当于教授”这种思维，还是官场上的“级别思维”对学术职称的“污染”。我看见过某人递给我的名片，上面的“副厅长”后面有一个括弧，写着“享受正厅级待遇”；我还看见过一张更奇葩的名片：“××领导小组副组长（未设正组长）。”

传宝兄说得好：“这些本不该属于他们的标签，实际上会矮化中小学杰出教师，也贬低了他们的独特贡献。”

我对大学教授非常尊敬，特别是那些学问深厚的教授。比如檀传宝教授，他是北师大著名教授，还是博导，在学养方面，我肯定赶不上檀教授，尤其是写诗，我更是难以望其项背；但我可不自卑，因为我暗想，如果给中学生上语文课，或当班主任，传宝的“宝”说不定还没我多呢！

不是教授的我，实在不希望谁以后再叫我“教授”。我不需要这种“尊称”，因为作为一名中学教师，我感觉已经很荣耀了。

2022年1月13日

不是每一个孩子都能“鸡”成谷爱凌的

一

谷爱凌横空出世，惊呆了国人。

我从没听过的这个名字突然刷屏了，因为她夺得冬奥会自由式滑雪女子大跳台金牌，为中国斩获了本届冬奥会第三金。

她是哪个小学、初中、高中毕业的？

我一直等着有学校欢呼：“热烈祝贺我校 ×× 届毕业生谷爱凌获得冬奥会冠军！”然后大谈该校的“素质教育”如何硕果累累，“培养”了这样的学生，等等。以往不少冠军的母校都是这样说的。有一年，一个美国人获得诺贝尔奖后，国内有一所中学居然挂出标语：“热烈祝贺我校 ×× 届毕业生 ×× 的妹夫 ××× 获得诺贝尔奖！”

一个学校的校友获得了荣誉，母校为此自豪，人之常情，非常正常。发出贺电或挂出标语，表示庆贺，也无可非议。

但你千万不要把这个冠军说成是你培养的，更不要从这个冠军身上总结出你学校的素质教育、课程改革、教学创新等“办学经验”，还一套一套的，比如“一个关键”“两个落实”“三个推进”以及“4S 模式”“315 工程”……

然而，几天过去了，我没看到中国哪个学校出来“认领”谷爱凌。

随着网上信息的进一步披露和丰富，我才知道，谷爱凌的爸爸是美国人，妈妈是中国人（不知是不是美国籍）。她是在美国出生、长大、读书的，三年前转为中国籍。

不知其他同胞怎么想，反正作为中国人，我除了自豪，还有一点儿“占了便宜”的窃喜。

只是我对她自己说的加入中国籍的动机有点失望。她没有说“同为中华儿女”“报效祖国”之类的，而是说，因为在中国，自由式滑雪的多个项目尚处于起步阶段，加入中国籍，一想到自己有可能成为别人的榜样，就觉得这个机会不容错过。

但毕竟咱挖到了一个“优生”，知足了。

二

当看到她的家庭背景，我目瞪口呆了：谷爱凌的妈妈谷燕在北京长大，本科、硕士均就读于北京大学。领英上的资料显示，北大毕业后，谷燕赴美留学，先后在奥本大学读了生物化学和分子生物学，在洛克菲勒大学读了分子遗传学，还在斯坦福大学的商学院就读，毕业后在华尔街工作。而她的丈夫，也就是谷爱凌的爸爸，则毕业于哈佛大学。对了，谷爱凌的爷爷也是斯坦福大学毕业……

有了这样的“金色基因”，这个漂亮的女孩，简直就是传说中神话一般的存在：不仅擅长滑雪，还酷爱骑马、攀岩、射箭、足球，是个全能运动高手。除此以外，她会弹钢琴，会跳芭蕾，还以1580分（满分1600分）的高分被斯坦福大学录取，是名副其实的学霸！

面对她，我们通常喋喋不休的各种教育理论、原则、途径、方法……统统不管用！

有谁根据这些教育理论、原则、途径、方法……“培养”出过“谷爱凌”？

几年前，某报记者曾在采访某高考状元后写文说，该状元之所以能够成为状元的第一原因，恰恰不是他努力学习，而是他爱玩儿！因为他更多的时间是花在踢球、弹琴、旅游和打游戏等方面，还有睡眠充足，“从来不熬夜，每晚睡觉时间绝不超过十点半”。

我当时就在博客上写文怼他：“你怎么不说这孩子的智商有多高？”

是呀，对谷爱凌的成功来说，天赋是第一的，其他都不是决定因素。

有一次谷爱凌生病了，不顾妈妈的劝阻非要去赛场。她说：“我还能走，就去看看呗，顺便赢一场也行！”

如此“凡尔赛”，若没有超出常人的天赋，仅仅靠“顽强的毅力”，怎会有这样的自信？

当然，一个人如果任其自生自灭，即使再有天赋也不能走向成功。在全世界，像谷爱凌这样的天才显然会有很多很多，而不少天才却被埋没了，无人知晓。

所以，强调天才，不是不谈教育，而是说，只有在天赋这个前提下，我们才能谈其他。比如，环境和家庭。

三

先说环境因素。我在想，美国的中小学生肯定没有中国中小学生压力这么大，即使是现在“双减”之后，许多孩子依然负担重重，哪有谷爱凌那么自由？

《人物》杂志曾报道说，在中国，谷爱凌发现，身边的小伙伴们很早就开始上奥数补习班，为了和小伙伴们一起，谷爱凌也去学了奥数，这给她的数学成绩打下了极好的基础——在美国的中学里，谷爱凌的数学考试成绩一直是第一名，甚至还打破过学校的数学考试纪录。后来每年暑假，妈妈都会带她回到北京，去海淀黄庄上课外辅导班，学习数学。谷爱凌说，妈妈告诉她，“来中国上十天课，能在美国顶一年。”

中国的十天，顶美国的一年。这是什么概念？这意味着中国孩子的学业负担有多重！如果谷爱凌在中国读中小学，哪怕她的智商超过爱因斯坦，恐怕也难有时间去骑马、攀岩、射箭、弹钢琴、跳芭蕾了！

2019 年，谷爱凌用一年的时间完成了高中两年的课程，提前一年从高中毕业。这给了她更多的时间准备冬奥会。她也是自己所在中学第一个提前毕业的学生。

看来，谷爱凌的成功，得益于她“一学两制”，即一样的学习，却有两个制度——在中国学习，在美国考试。

可在中国学习、在中国考试的中国的孩子就没这么幸运了！

这也足见中国的教材和课程有多难！可怜的中国学生！

报道说：“备考美国高考时，谷爱凌也选择了回国补课。她强烈地感受到了中国在考试上的优势。”

可这优势仅仅对当时还是美国人的谷爱凌才是优势，而对中国大多数孩子来说，则是灾难。

如果谷爱凌也在中国学习、在中国考试，会成为谷爱凌吗？

设想一下，如果她从小在中国读书，即使学校发现了她的天赋，那么，谷爱凌面临的选择恐怕只有一个，放弃正常学业，进入相关专业的少年体校，比如，进入少年滑雪训练学校，从很小就开始专业训练……如果那样，还有今天什么都爱玩而且什么都玩得很棒，甚至还拿世界冠军的谷爱凌吗？

其实，妈妈谷燕后来也把女儿送去了专业队训练，但并没有让她放弃学业，而是一边读全日制的学校，一边训练并参加比赛。这在中国恐怕很难。

对了，写到这里，我突然想到全红婵了，那小姑娘不就是从小脱离学校而参加专业训练吗？想想这两个同为中国选手的女孩吧，面对记者，两人的精神面貌和气质完全不同，而全红婵之所以不同于谷爱凌，重要的原因之一，就是环境不同。

谷爱凌母亲谈到对孩子睡眠的重视时说：“我就是让她必须睡足够的觉，小时候睡 15 个小时，上小学后 13 个小时，现在每天也要睡 10 个小时。睡不够哪有精力玩儿？”

这也只能在美国这样的教育环境中做到。在中国做得到吗？哪个中国孩子的父母不希望孩子能睡“15个小时”“13个小时”“10个小时”？都是自己的心头肉，谁不心疼？但大环境不允许啊！

所以，脱离了生长的大环境，孤立地想从谷爱凌身上“总结梳理”出什么“教育秘诀”，完全就是白扯！

四

再说家庭因素。

说到家庭，我首先想到的是有钱。因为有报道说，谷爱凌作为一名个人运动员，她的花费是一笔极为昂贵的支出，不仅要支付教练的费用，还要支付飞到全球各地参加比赛的旅行费用。

写到这里，我又想到全红婵了。幸好有国家，不然全红婵的天赋也会打水漂。从这个意义上说，社会主义制度具有无比优越性。

全红婵毕竟是天赋极高的个别人，所以政府愿意为她投入，以期待她“为国争光”；而其他同样有某种天赋但又不如全红婵那么突出的孩子，就没那么幸运了。而对大多数中国家庭来说，不可能为孩子的某项爱好投入极为高昂的支出。

但这里的“家庭因素”其实主要还是指谷爱凌的父母及其他家庭成员。从披露的信息看，谷爱凌生活在一个高知家庭，前面我已经引述了相关资料，展示了其父母和爷爷的高学历。但这还不是最主要的，因为在中国，双博士、双海归的父母也很多，但这些高学历的父母有谷爱凌母亲（因为从报道来看，主要在女儿身上花工夫的是她妈妈）的素养吗？

我这里说的是“素养”不是具体的方法。虽然所有素养都得体现在具体的行为上，但没有素养就不会有相应的行为。

据谷爱凌的妈妈说，从谷爱凌3岁起，她就凡事都让她自己选择，要求是，既然选择了这件事情，就要努力去做好！

尊重孩子自由选择的权利，然后鼓励孩子努力做好。这是尊重，也是信任。

可我们有多少孩子在业余时间学这学那，是自己的选择？这些往往都是父母的选择，然后强加给孩子。

给孩子选择的自由，才能让孩子内心生长出自信与自强。

这次比赛中，在“两跳”结束后，谷爱凌以182.25分掉到了第三位。在和妈妈通话时，妈妈建议她做个左边的1440，这样至少可以确保拿到一枚银牌。但谷爱凌再次做出了自己的选择，“我当时决定跳个左边的1620，妈妈就说：‘当然，这个主动权在你。’”

“主动权在你。”我希望，这能够成为天下父母对孩子说话时的口头禅。

五

对于自己的成功，谷爱凌曾在一档节目中表示，天才有可能是一部分，但是她自己觉得，大部分更是努力、时间的平衡和自律的生活方式。

这里谈到三个要素：“努力”“时间的平衡”和“自律的生活方式”。关于“努力”，说得太多，道理大家都明白，我就不说了。而“时间的平衡”和“自律的生活方式”都必须有一个前提，就是孩子拥有自由支配的时间和自主选择的权利。这点，恰恰是谷爱凌所拥有的而许多中国孩子没有的。

如果把孩子什么都管得很死，连穿什么衣服都要强迫孩子，却反过来怪孩子“不会自己安排”，这真是冤枉孩子了。

有记者曾经问她母亲是怎么培养出那么优秀的女儿，她母亲使劲想了想后回答：“爱凌刚上学的时候，老师说，不要纠正孩子的错别字，不打击孩子的创造力；少点表扬他们的聪明，多点表扬他们的努力。我就是照着这两条做的。”

“使劲想了想”，我可以想象当时谷爱凌妈妈的为难。有时候所谓“家庭教育”并不是按照什么原则和方案的按部就班，而是就那么说了，就那么做了。但在看似不经意的习惯性言行中，却蕴含着父母的教育观念和文化素养。

谷爱凌妈妈所说的“两条”，其核心就是在宽容而宽松的氛围中，让孩子的创造力慢慢生长，让孩子在天赋以外尽到最大的努力。

可是，又说到环境了，如果在中国，“不要纠正孩子的错别字”，做得到吗？谁敢？我们不是习惯于“错一个字抄五十遍”吗？别说老师，就连家长都习以为常了，觉得是天经地义。

看到冬奥会赛场边上谷爱凌的教练是美国人，说实话，我心里本能地掠过一丝不舒服：如果是中国教练多好啊！（我承认，在这一点上我有点狭隘）但后来看资料，原来追根溯源，谷爱凌的第一位教练，应该是她妈妈。

她的母亲曾经是北大短道速滑队队员兼滑雪教练，后来去了美国。母亲说并没有刻意去培养女儿滑雪，当时自己在雪场教滑雪，2岁的女儿耳濡目染，学会走路就学会了滑雪。正如谷爱凌母亲所说，如果她喜欢高尔夫，谷爱凌可能也会爱上高尔夫。

六

天才女孩谷爱凌爱上滑雪的最初原因，说明了一个适用于所有不是天才的孩子的家庭教育理念，即最好的教育，是父母的言传身教。这里“传”和“教”不一定是某项专业技能，更多的是指道德品质、身体素质、生活技能、文化修养、行为习惯等。

换句话说，你要让孩子成为怎样的人，你就应该先成为那样的人。

现在许多当爹妈的却相反，自己不读书，却要求孩子“好好读书”。这岂非缘木求鱼？

谷爱凌的妈妈说，她从小在中国受到的教育是成为一个“完人”。“小时候我觉得我要是不得一百分，就是非常大的错误”。所以她有了女儿后，并不希望女儿也像她当年一样追求完美，她一直告诉谷爱凌，不必非要考斯坦福；出去参加比赛，她也不会要求谷爱凌必须拿冠军。

在这里，谷爱凌妈妈无意中说出了中美两国教育理念的不同：我们总是要求孩子“全面发展”，而谷爱凌妈妈则希望孩子“不必追求完美”。

然而，我们现在有多少逼着孩子“完美”而自己却并不完美的家长啊?

20多年前，成都出了一个“哈佛女孩刘亦婷”，于是，无数家庭的饭桌上，父母对孩子多了一个唠叨：“孩子，你看看人家刘亦婷……”现在有了谷爱凌，可以想象，许多中国孩子又将被父母强加一个“励志榜样”。

可是，不是每一个孩子都有谷爱凌那样的超人天赋，不是每一个孩子都有谷爱凌那样的生活环境，不是每一个孩子都有谷爱凌那样的爸爸妈妈。

我对我女儿就是这种心态。她远不是天才，但也比较聪明。我的一些朋友希望她也成为“著名专家”，否则好像我的家庭教育就“失败”了。她现在当教师，酷爱上课，学生喜欢……一辈子就当个快乐的普通教师，不也挺好吗?

所以，我恳请天下父母，千万别强迫自己的孩子成为谷爱凌!

应该承认自己的孩子就是平凡的孩子，应该允许孩子无论现在还是将来都不必出类拔萃。谷爱凌是特例，而千千万万平凡而幸福的孩子，才是常态。

2022年2月9日

也谈谷爱凌为什么没有“玻璃心”

——与张丽钧老师商榷

本来“玻璃心”这个概念，百度百科上解释得很清楚了：“玻璃心，网络流行语，指心理素质差，心灵像玻璃一样易碎，很脆弱，经不起批评或指责。”

比如，有学生一听老师批评，就受不了，甚至跳楼。又比如，前段时间我写了一篇《为什么有的老师听不进批评》，说有老师一听批评，就受不了：“为什么老盯着我们老师？为什么不敢去批评官员？”

这就是“玻璃心”。

但张丽钧老师今天发的一篇谈“她为什么没有‘玻璃心’”的文章，让我糊涂了。

其实，抽象地说，张丽钧老师这篇文章的论点，我是赞同的：作为一个有自由思想和独立人格的人，不应该被舆论所左右，要自信，面对恶意伤害的流言蜚语一律“默杀”——以无声的置之不理来表达最高的蔑视。用一句被人说了千百遍的话来说：“走自己的路，让别人说去！”

这就是张老师所说的“没有‘玻璃心’”。我当然赞成。

但我为何还要与张老师商榷？因为，我虽然赞成她的论点，却不同意她支撑这个论点的论据。

众所周知，立论要有论据，而且这个论据要有普遍性，即代表性。虽然任何一个论点都可以找到一个对应的例子，但这个例子如果太极端，就无法证明论点的真理性。比如，季羡林生前接受采访，说到自己长寿的秘密："我从不锻炼，生活也没规律……"你如果因此得出结论，长寿在于不运动，那肯定是很荒谬的。

张老师所说"没有'玻璃心'"的论据，是最近万众瞩目的女运动员谷爱凌。

那位女运动员当然是没有"玻璃心"的，她心理十分强大，不在乎别人的评价。面对最近围绕自己的相关议论和质疑，她要么一笑了之，要么巧妙回答，脸上总是洋溢着自信而无畏的微笑。

所以张老师感慨：她为什么"没有'玻璃心'"？

这个问题我可以回答。先说次要的原因：她本人的天赋与努力使她现在有足够的力量不在乎任何评价。再说重要的原因：现在她被国家保护起来，任何对她的"不利"言论——无论是恶意的中伤，还是善意的批评，或是既非中伤也非批评的种种议论，只要不是赞美，都很难在各种媒体上出现。如此一来，她怎么可能有"玻璃心"呢？

对这位运动员，我是发自内心地欣赏，曾写过一篇点击量为"10万+"的文章谈她的成长。但张老师以她为例来告诉家长如何培养孩子强大的心理素质，告诫孩子们以她为榜样"不要有'玻璃心'"，显然是不恰当的。一是她的天赋和成就异于普通孩子，二是国家保护其不受伤害。具备了这两点，无论是谁，想拥有"玻璃心"都十分困难。

而我们的孩子大多是普通孩子，和她有可比性吗？

其实她拥有的远不止这两点，还有她特殊的家庭，她成长的国度，她所接受的非中国式的教育，还有她雄厚的经济实力，等等。这些都决定了她今天的精神状态，是一般中国孩子不可能具备的。

有人爱说："可以学习她的精神嘛！"

我说，离开了天赋、家庭、经济、环境等因素，抽象地谈"学习她的精神"，完全就是忽悠人。

另外，前面我说了，张老师这篇文章的观点我是同意的，只是论据不恰当；

这里我还要说，张老师的观点说得并不完整。她只说了一点，而没说另外的一点。

没有“玻璃心”是否意味着不在乎任何意见——包括正确批评在内的意见？

张老师当然没这样明说，但她所举的例子让我这个愚笨的读者就这么认为了，好像面对外界的“不利”议论，最没有“玻璃心”的表现就是不理它，不在意别人的评价，不看别人脸色行事，不为别人而活……

是这样的吗？

面对外在的议论（评价、批评、建议等），统统不理睬，或装作没听见，“理他算输”，这显然不是正确的态度。而表面上的“默杀”，可能恰恰反映出其内心对外界议论的恐惧，只是装作不在乎罢了。

这恰恰是“玻璃心”。

我认为，真正的没有“玻璃心”，至少意味着两点：第一，面对恶意的人身攻击，不予理睬，坚持自己正确的选择；若实在过分，则通过法律追究其责任。第二，听到别人并无恶意的批评，无论是否正确、是否中肯，都能反躬自省，有则改之，无则加勉。

著名诗人艾青有一首诗——

礁　石

一个浪，一个浪
无休止地扑过来
每一个浪都在它脚下
被打成碎沫，散开……

它的脸上和身上
像刀砍过的一样
但它依然站在那里

含着微笑，看着海洋……

这首短诗形象地表达了我上面说的第一点。这就叫“没有‘玻璃心’”。

1941 年 6 月 3 日，陕甘宁边区政府在延安杨家岭小礼堂召开边区各县县长联席会议。当天下午，天气骤变，狂风暴雨中一个炸雷击中礼堂一根木柱，坐在附近的延川县代县长不幸被雷击身亡。当时，群众议论纷纷。

毛泽东说：“群众发牢骚，有意见，说明我们的政策和工作有毛病。不要一听到群众有议论，尤其是尖锐一点的议论，就去追查，就要立案，进行打击压制。这种做法实际上是软弱的表现，是神经衰弱的表现。”

这个真实的故事生动地展示了我上面说的第二点，这就叫“没有‘玻璃心’”。

有人也许会质疑我：“你刚才不是说普通孩子与著名运动员没有可比性吗？那你现在说的一个是著名诗人，一个是人民领袖，我们一般人同样不可能和他们比啊！”

是的，普通人也许写不出那样的诗，老百姓也许没有领袖的气度，但面对“恶浪”的从容不迫，面对批评的谦虚谨慎，是每一个人都可以通过学习和修炼而具备的人生态度。

可惜张老师只说了第一点，而没有说第二点。

我特别想告诉张老师，虚心听取别人的批评意见，以完善自己的人格，绝不是什么“讨好型人格”，恰恰是为了让自己更强大。

既要自信自尊，又要自省自警；既不妄自菲薄，又不目中无人；既不阿谀求容，又能闻过则喜——这才是真正拥有一颗强大而健康的心脏。

我并非苛求张老师，因为她这番话是对孩子及其家长的谆谆教诲，如果孩子们及其父母只知其一不知其二，“后果很严重”。

要让我们的孩子明白，也要让我们的老师和家长这样去引导孩子们——

自信是对的，但自信不等于自负。不理睬恶意中伤是对的，但这不等于无视别人的意见。在成长过程中，坚持自己选定的路，同时又主动接受他人的指导、忠告、建议和批评。这才是“没有‘玻璃心’”。

只有在虚怀若谷、从善如流的前提下，“我飞翔，所以我鸟瞰”“空长灭征鸟，水阔无还舟”，才有意义。

而面对批评和指责时，无论装作没有听到，还是沮丧而不知所措，都是“玻璃心”。

如果有人拒绝批评，或者听到善意而中肯的批评，还装出很“大度”“不和你一般见识”的样子，拒绝改正，这不叫“没有‘玻璃心’”，而叫“死猪不怕开水烫”。

可不能让我们的孩子成为这样的“猪”呀！

2022 年 2 月 16 日初稿

2022 年 7 月 23 日晚修改

请对“小镇做题家”保持应有的尊重

“小镇做题家”这个说法，是两年前出现的。好像一开始是名校学生的自嘲之语，但我感觉其实还是带着一些优越感的。没考上“985 工程”高校的是没资格说自己是“小镇做题家”的。不过，这个词语最初似乎并没有明显的贬义。

最近，“小镇做题家”这个短语再次走红，已经带有明显的嘲讽，其居高临下的内涵不言而喻：“小镇”，意味着出身卑微；“做题”，意味着擅长应试；“做题家”，意味着除了刷题其他什么都不会，刷题就是唯一的“专业”。

出身“小镇”，就低人一等吗？毛泽东出身于一个小山村，连小镇都谈不上。新中国成立后，这个“小镇”恰恰反衬出他无比厉害，这是他的光荣。某些“贵族”（注意，不是“高贵”的“贵”而是“权贵”的“贵”）子弟，仅仅因为某些学子家里没有钢琴，早晨喝的是稀饭而不是牛奶，就看不起他们。对这种“贵二代”“贵三代”，我只有鄙夷。

“做题”有什么不对呢？通常而言，做题的功能至少有二：一是巩固已经学得的知识，并化作自己的熟练能力；二是熟能生巧，为进一步深造或登上更高平台的考试作铺垫，比如中考和高考。这纯属每一个人不可回避的学习经历和人生步骤，没有妨碍任何人，更没伤害任何人，一不偷二不抢三没杀人四没放火，何错之有？何罪之有？

“家”的讽刺意味最浓。当我们说谁是“家”时，意味着这个人在某一领域造诣极深且成就卓越，比如作家、科学家、歌唱家……这无疑是对一个专业人员崇高的评价。然而，当“做题”与“家”合成“做题家”时，褒义荡然无存，剩下的含义则是：把做题当专业，除了做题什么都不会。

当我们说某人拥有某项特长时，并不意味着我们认为他“除此之外一无是处”。比如，我的一个朋友特别擅长唱歌，但他同时乒乓球也打得很棒；又比如我曾经的一个同事数学教得极棒，但他同时做得一手好菜，拥有二级厨师资格证。这样的例子还可以举很多。因此，一个人擅长做题，不一定就“只会做题”。而擅长做题本身有什么值得被嘲讽的呢？

其实，在某些靠拼爹而“功成名就”的“非小镇做题家”眼中，“小镇做题家”视野狭窄，做题以外的能力较弱甚至没有，棋琴书画、吹拉弹唱一样都不会。总之，“综合素质”不强。

我想起了百年前的一个“小镇做题家”。在“小镇”金坛县（今常州市金坛区），“县”当然不是“小镇”，但在那个年代，和上海、南京、北京等大都市相比，金坛只能算小镇。有一个少年，父亲靠打理一家小杂货铺勉强为生，母亲是一个普通的家庭妇女。父亲的小店铺并不景气，热爱学习的孩子因家贫而辍学，在父亲的店里当学徒，但他酷爱做题，有时边站柜台边验算，经常进入痴迷状态而忘记了接待顾客。后来少年感染伤寒，险些丧命。卧床半年后，留下终身残疾，他走路要左腿先画一个大圈，右腿再迈上一小步。放在今天，这个“小镇做题家”不知要被某些人嘲笑成什么样子！

不卖关子了，我直接说这个“小镇做题家”做题的最后结果吧。他后来成了中国当代最伟大的具有国际影响的数学家，夜晚灿烂的星空上，有一颗以他的名字命名的小行星，叫“华罗庚星”！

别对我说现在的“小镇做题家怎么能与华罗庚相比”，我要说，就通过自身勤奋改变命运的梦想而言，如今千千万万默默无闻而自强不息的贫寒子弟与 20 世纪 30 年代的华罗庚没有任何区别。

“只会做题”就一定低能，一定就没有出息吗？我又想到了曾经也是“小镇做题家”的陈景润，出身贫寒却凭着“做题”16岁就考上了厦门大学，再后来成了杰出的大数学家。年轻时我读过作家徐迟写的那篇报告文学《哥德巴赫猜想》，知道陈景润除了做题，什么都不会，起码的生活能力都不具备，可以说是一个低能的书呆子。然而，他所有的成功，都得益于“只会做题”。

人们常说：“幸福是奋斗出来的。”对学生来说，这“奋斗”不就包括做题吗？

所以我要说：“只会”并非原罪。我从教几十年，许多学生都是“只会”，但这不妨碍他们后来有着属于自己的人生成功和生活幸福。我的一个学生只会踢足球，现在是一名省足球队教练；一个学生只会画画，现在是一名很有成就的画家；还有一个学生只会唱歌，现在是一名很优秀的音乐教师……他们当时的学习成绩都不好，但凭着“只会”的天赋或特长，一样成了我优秀的学生。

我们能够宽容这些“只会”文体的“天才”，为什么就不宽容“只会”做题的“学霸”呢？

当然，我知道，一两个学习成绩糟糕而在其他领域堪称天才的学生可以成为我们社会独具色彩的花朵，但成千上万只会做题的“考试机器”中不可能涌现出一批又一批、一代又一代富有创造能力的杰出人才。这对一个国家的崛起来说，是非常不利的。而且，以时代的要求来看，现在许多“小镇做题家”的确视野不够开阔，思维不够活跃，能力不够全面，甚至创造力比较缺乏……

但这不是他们的错，而错在我们的教育体制，我们的课堂模式，我们的教学过程，我们的评价标准，我们的选拔条件，我们的社会现实……一句话，目前中国并非理想的国情，逼迫更多寒门子弟除了刷题，别无选择。他们不得不牺牲自己的视力、睡眠和健康，以及可能具备但永远无法被发掘的某些做题以外的天赋，而用少年时代的全部“黄金年华”去做题，以换取一纸可能会改变自己命运的大学录取通知书。如果以全面发展的标准而言，他们有些畸形，但他们靠自己的努力改变命运的梦想没有错，错的是摧残他们身心健康，限制他们全面发展的畸形教育！

对那些倚仗父母的权钱而跻身“上层”的“少年得志”者，我不想多加评论；但对那些希望靠自己拼搏而成为人生主人的年轻人，我们不应该讥讽，而应该对他们保持足够的尊重，甚至敬意。

尤其是我们的国家，更应该给每一个年轻人提供广阔而公平的人生舞台。

怕就怕，“小镇做题家”凭着做题而获得了很高的文凭，到头来依然找不到合适的工作，更谈不上改变命运，反过来还被某些“贵族”嘲笑奚落。如果这样，试问：良知何在？公正何在？

2022年7月23日

教师节三忌

几乎每年教师节，都有地方利用这一天举办“师德师风培训”之类的活动。我甚至还看到有一个地方的教育行政部门，居然利用教师节举行“师德师风承诺书签订仪式”！

大会的条幅上往往这样写着：“庆祝教师节暨师德师风培训会”“庆祝教师节大会暨师德师风承诺书签订仪式”……

简直太过分了！

按我的理解，设立教师节，一是为了让社会各界尊重教师，营造一种尊师重教的浓厚氛围；二是为了提高教师的职业自豪感和尊严感。当然，也许还有其他重大意义，但至少绝不是用这一天来教育教师。

明明是自己的节日，却被迫整整齐齐地坐在下面，被领导“谆谆教诲”：要“爱岗敬业”啊，“勇于担当”啊，“为人师表”啊，还有这个“不准”那个“不许”。当然，还有“要感恩”之类的提醒，要老师们时刻不忘被“恩赐”的教师节……

这是在过节吗？这明明就是在受训斥啊！

尤其是让老师在教师节这一天签订“师德师风承诺书”，这是对老师的尊重吗？

我承认，中国基础教育之所以还不够理想，还没能让人民满意，原因很多，有体制方面的原因，有管理方面的原因，有经济待遇方面的原因……但也有教师自身素质的原因。虽然师德低下的败类是个别的，但所有教师的成长都是无止境的，因此，在教育系统开展师德师风建设，完全有必要。

只是，这样的“建设”，可不可以不放在教师节这一天?

对于队伍中个别师德低下的教师，按相关法规及时处理就是了，为什么要放在教师节这本来应该喜庆的日子里，让所有过节的教师捆绑受教育呢?

好比有一个孩子犯了错误，偏选在六一儿童节那天批评教育全班同学，孩子肯定不开心。如此做法用于成人，同样不舒服。

有人主张取消教师节，说“教师节等于变相的歧视”，我坚决不同意这种说法。无论如何，用教师节来提醒一个民族对教师和教育的尊重，还是有必要的。

我觉得，教师节活动应该以“致敬教师”为主旋律，这里的“致敬教师”就包括表彰优秀教师。多年来我们正是这样做的，我觉得非常好。只是被致敬的教师不能仅仅是少数被选出来的优秀教师，还应该以各种方式让每一个普通老师都受到正面的奖励、鼓励和激励。

我认为，教师节活动有三忌：一忌领导在台上照着稿子念套话连篇的官样文章；二忌所谓长篇的“师德师风报告”；三忌矫揉造作、极具表演性的所谓“师德演讲”。

我主张教师节活动应该尽可能喜庆一些，搞搞文艺演出、游艺活动、郊外秋游、篝火烧烤……甚至放一天假。

就是不要开那种被教育的会!

2022 年教师节即将来到，我希望我的这些愿望能够成为现实，我不希望在 2022 年教师节这天又看到哪个地方让老师听报告，或签订“师德师风承诺书”。

最后，预祝每一位读到这篇文章的老师，教师节快乐!

2022 年 8 月 29 日

D 不以为然

BUYIWEIRAN

凡事有度，过犹不及。对教育而言，“度”就是教育本身的规律。无论实践，还是思考，把握好“度”至关重要。

我同意惩戒，但坚决反对体罚！

——读教育部《中小学教育惩戒规则（试行）》有感

先说句得罪人的话：教育部《中小学教育惩戒规则（试行）》估计会令不少人失望，“失望”的即那些希望能够给学生更严厉“惩戒”的老师。

我知道，至少在网友中，比如“镇西茶馆”的粉丝里，赞成体罚的是“主流”。我说这话是有依据的。我曾经写过文章，旗帜鲜明地反对体罚，结果遭到“讨伐”。最多的斥责是：“你专家是站着说话不腰疼！”还有人振振有词地宣称：“世界上大多数国家都允许教师体罚学生，为什么中国就不行？”为此，我经过比较严谨的调查，用数据说明：世界上绝非大多数国家都允许体罚。文章推出后，不少教师愤愤然：“李镇西变了……”

当然，我知道，即使是主张体罚的老师，绝大多数也是好老师，他们爱之心切，有时便责之行苛。早前我当校长时，帮助过几位体罚学生的老师，而这几位老师真的都是负责任的老师。何况，我年轻时也打过学生呢——虽然不是我教的学生。

但我还是要坦诚地说说我的观点：我同意惩戒，但坚决反对体罚。

早在2002年我读博士时，就写过一篇文章发在“教育在线”论坛上，题目就是我的观点：《没有惩罚的教育是不完整的教育，但惩罚不是体罚》。我至今还是认为，没有必要将“教育惩罚”羞答答地改为“教育惩戒”。事实上，《教育大辞典》中，对教育惩罚的界定很明确，其中最轻微的惩罚就是批评。没有惩罚的教育当然很好，但我无法想象，没有惩罚的教育会是完整的教育。

但体罚是我坚决反对的，理由不用多说。但有老师反复问我："请问，什么叫不是体罚的惩罚？"在这些老师看来，惩罚必然是体罚。然而，在我当班主任的几十年实践中，的确做到了没有体罚的惩罚。所谓"不是体罚的惩罚"，主要是有两种方式：一是补偿性的公益行为，比如，学生损害了班级利益，通过为集体做一件好事来补偿；二是强制性的重复行为，比如，学生升旗仪式不认真，下午放学后必须到国旗下肃立五分钟，以弥补早晨的错误。

我一直认为，虽然教育惩戒是必要的，但教育不能仅仅寄希望于惩戒；没有惩戒的教育是不存在的，但将惩戒尽可能降到最低限度则是完全可能的。但是，长期以来，纵观人们对"教育惩戒"的呼唤，不少是打着"教育惩戒"的旗号，实则是希望"体罚"合法化。我看过一些教师的网上留言，他们字字血、声声泪，似乎教师的手脚已经被捆住了，甚至受到了来自学生及其家长的暴力威胁，再不放开对"体罚"的禁止，不但不能完成教育使命，而且连自身安全都难以保证！于是，他们一遍遍地呼唤"教育惩戒（体罚）"，而且特别执着，"子规夜半犹啼血，不信东风唤不回"。

现在，教育部终于颁发了《中小学教育惩戒规则（试行）》，似乎大快人心。可是，某些人所期待的"东风"是不是"唤回"了呢？

恐怕他们会失望——这就是我今天这篇文章题目的真正含义。

因为《中小学教育惩戒规则（试行）》所规定的"惩戒"方式，基本上没有超出长期以来我们学校正常教育惩罚的尺度："点名批评""书面检讨""规则教育"，等等。原本指望官方能够给一线教师"杀手锏"，以便老师能够"大开杀戒"，结果这些"惩戒"早就在用了。这也太温和了吧？

我说"基本上"没有超出现在的教育惩罚尺度，是因为有两点是以前没有"合法化"，但现在则明确写入了《中小学教育惩戒规则（试行）》，即"一节课堂教学时间内的教室内站立"和"给予不超过一周的停课或者停学，要求家长在家进行教育、管教”。其实，这两点也是多年来班主任常规的惩罚手段，一点儿都不新，只是这两点一直都有争议，而现在合法化了。

尽管如此,《中小学教育惩戒规则(试行)》还是让不少老师感到很不满足，甚至“深感失望”。特别让人“失望”的是，《中小学教育惩戒规则（试行）》第十二条，还专门规定：

> 教师在教育教学管理、实施教育惩戒过程中，不得有下列行为：
>
> （一）以击打、刺扎等方式直接造成身体痛苦的体罚；
>
> （二）超过正常限度的罚站、反复抄写，强制做不适的动作或者姿势，以及刻意孤立等间接伤害身体、心理的变相体罚；
>
> （三）辱骂或者以歧视性、侮辱性的言行侵犯学生人格尊严；
>
> （四）因个人或者少数人违规违纪行为而惩罚全体学生；
>
> （五）因学业成绩而教育惩戒学生；
>
> （六）因个人情绪、好恶实施或者选择性实施教育惩戒；
>
> （七）指派学生对其他学生实施教育惩戒；
>
> （八）其他侵害学生权利的。

明明是关于“教育惩戒”的规则，却居然有严格的禁止“体罚”和“过度惩戒”的规定，有些规定甚至是对目前盛行的“惩戒方式”的禁止。比如，《中小学教师实施教育惩戒规则（征求意见稿）》中规定，教师不得要求学生“超过正常限度的罚站、反复抄写”，连罚学生一个字抄多少遍都不允许！原以为这个《中小学教育惩戒规则（试行）》会让教师们更“放手”地“管教”学生，结果这个规则竟然如此“束缚”了老师的手脚。

所以我说这个《中小学教育惩戒规则（试行）》“让人失望”，绝非夸张。

那些“失望”的老师大多数还是爱学生的，他们只是希望能够有“更有力”的管教手段，以达到更好的教育效果罢了。只是他们可能过于看重“惩戒”的效果了。

所以，某些把教育寄希望于“严厉惩戒”的老师越“失望”，我就越发自内心地为这个《中小学教育惩戒规则（试行）》叫好！好就好在——

《中小学教育惩戒规则（试行）》告诉我们，教育离不开惩戒，但不能只有惩戒；即使是非用不可的惩戒手段，也必须与深入心灵的教育相结合；不加限定的惩戒只会走向“教育暴力”，而对惩戒方式进行严格而严谨的规范，才能真正让惩戒达到教育目的而不仅仅是“惩戒”。

那些“失望”的老师，你们同意我这个观点吗？

2020年12月29日

取消了惩戒，就割裂了完整的教育

——驳曾奇峰教授《我个人反对教育惩戒》

心理学家曾奇峰教授是我非常尊敬的学者，就学识而言，我和他完全不是一个重量级的。但作为在一线学校教了一辈子书的退休教师，我对教育还是有一点发言权的。最近在网上看到曾教授的一篇文章《我个人反对教育惩戒》，我非常不同意。

下面，我以点评的方式对曾教授的文章提出我的反驳。

曾：我个人反对教育惩戒。

李：我个人反对“反对教育惩戒”。

二人理由如下：

曾：完整的教育不必包括惩戒。惩戒常常是教育本身失败后的补救措施。

李：错！完整的教育恰恰包括惩戒，否则，不是完整的教育，而是被割裂的教育。必要的惩戒本身就在教育过程中，而非教育失败后。

曾：教育是一种智力活动，当教育者充分使用智力的时候，能够完成绝大部分教育目标。而惩戒是低智力的活动，是“教育”受教育者服从权力、暴力和低智力手段的过程。

李：错！教育惩戒是一种智力活动，如何把握教育惩戒的时机、方式、分寸……考验着教育者的智慧。这是一种高智力活动。

曾：惩戒预设了一部分人对另外一部分人的权力。这违背了社会主义核心价值观中的“平等”“自由”。

李：错！惩戒不是谁的“预设”，而是教育本身赋予教师不可放弃的权利（不是“权力”），放弃了这种权利，就放弃了教育的责任。这和“平等”不是一个范畴的概念，更与“自由”扯不上关系。

曾：受教育者的“违规”，可以被视为一种引诱，即“引诱惩戒”。如果违规—惩戒这个程序被反复强化后，会使受教育者“对惩戒成瘾”。

李：错！请好好说话。您的句子很绕口，但我还是读懂了——学生犯错是在引诱老师惩戒自己，多次违规被惩戒后学生会“对惩戒有瘾”。这是什么逻辑？

曾：惩戒可能引起双方的某种深层的无法言说的快感。这显然不是我们的教育所希望引发的。

李：错！“无法言说的快感”？您的想象力太丰富了。

曾：教育者也可能对实施惩戒成瘾，而偷懒式地回避教育中高智力的部分。

李：错！惩戒只是众多教育方式之一，而非全部，且并非每次教育都必须使用。何时惩戒？怎么惩戒？惩戒后又怎样跟进教育？……这就是惩戒的艺术，这才是“教育中高智力的部分”。需要惩戒却回避惩戒而一味说教，才是“偷懒”。

曾：惩戒—被惩戒制造高度融合的关系，使受教育者无法成长。

李：错！完全不合逻辑。理想的教育，恰恰离不开师生“高度融合的关系”，这又恰恰是受教育者成长的必要条件。当然，一般情况下，这种“高度融合的关系”不由惩戒产生，而合理且适度的惩戒，绝不会妨碍师生的“高度融合的关系”。

曾：反对惩戒的理由还有很多。支持惩戒的理由也许只有一个，就是它“操作简单”。

李：错！反对惩戒的理由虽然很多，但至今没有一条有说服力，而支持惩戒的只有一个，不是“操作简单”，而是取消了惩戒，就割裂了完整的教育！

最后概述我的观点：

教育不能仅仅靠惩戒（我更愿意使用“惩罚”这个词），但没有惩戒（惩罚）的教育是不完整的教育。

体罚必须绝对禁止，但教育惩戒（惩罚）不是体罚。

在教育过程中，并不是所有时候都需要惩戒这个方法。教育惩戒是“教育武器库”中的一件武器，但不是唯一的“武器”。

能够不用惩戒最好不用，但这把“达摩克利斯剑”必须高悬。

教育之爱的内涵与形式十分丰富，而严格要求乃至必要的惩戒，也是爱的呈现。

完美的教育惩戒有四个要素：

是否需要？（教育者准确判断惩戒是否必要。尽量不用。）

什么时候？（如果非用不可，教育者得把握惩戒的最佳时机。）

何种方式？（教育惩戒的方式有很多，采用什么方式最好？这考验着教育者的教育智慧。）

如何善后？（惩戒之后怎么办？如何让教育深入犯错学生的心灵？这检验着教育者的教育艺术。）

2021年3月10日

能否不按考试成绩给学生安排座位?

当过班主任的都知道,给学生安排座位是一件很头疼的事。当然，从积极意义上说，也是一件很有科研价值的事。所有负责任的班主任都会仔细研究学生的情况，然后从成绩、表现、性别、个子、视力等方面进行考量，最后拿出一个相对公平、合理、科学的方案。总之，这是一件细致的技术活儿。

我还记得 2002 年时，我主持的“教育在线”论坛曾组织过一次关于安排座位的讨论。我抛出一个话题：新班主任怎样安排学生的座位最科学？帖子一出，应者如云。天南海北许多默默无闻的一线老师，纷纷出谋划策，出现了许多令人叫绝的方案。后来，我将这长长的讨论帖整理成一篇关于科学安排座位的科研论文，发表在一家杂志上。

现在,不用这么“科研”了,有一个方法让这件事变简单——以考试分数来安排座位，成绩好的坐前面，成绩差的坐后面。如果周考，就每周一调整；如果是月考，就每月一调整。之所以要根据每次的考试成绩做调整，是因为学校想通过不断变化的座位，来“激励”学生不断追求“学习进步”。

最初听说这种做法时，我很是吃惊。不过，我还以为是某一所学校的“创新”，后来才知道，这样安排座位的学校还不止一所两所。虽然是个别学校所为，但值得反思与警醒。

我不知道怎样评价这种做法，只是心中的疑惑挥之不去，实在憋不住，不得不在这里提出来，想请教这样做的学校校长——

教室里的座位是一种客观的自然存在，从有利于上课的角度说，每一个座位的条件都差不多。但如果用苛刻的标准看，教室里的几十个座位之间还是有些小小的差别，比如，有的离黑板适中，更有利于集中精力听课；有的靠窗容易被外界因素干扰，靠后的座位可能不一定都听得清老师讲课，如果是在既靠后又靠边的角落，听课质量多少会受一些影响；等等。

为了解决不同座位的这些细小差别所带来的“教育不公”，教师惯常的做法是隔一段时间便轮换一次座位，这样一学期下来，所有学生都既能享受“优质座位”的好处，又能分担非“优质座位”的不那么满意的地方。尽管最初安排座位时，为了每一个孩子的健康成长，教师会考虑一些搭配，比如成绩的优劣、习惯的好坏、性格的互补、男女的均衡等，但任何教师都不能以任何理由让某一部分孩子垄断某些“优质座位”，因为教室里的每一个座位都是公共资源，谁也无权据为己有。也不能通过权力将座位用于对一部分学生的“奖励”，同时，用于对另一部分学生的“惩罚”。公平和公正与否，在小小的一间教室里得以微观体现。

多年来，许多班主任都是这样恪守教育公平的，现在许多学校依然是这样做的。现在许多班主任是以小组为单位安排座位的（我当班主任时也是这样的），组内各种搭配尽可能均匀，学生之间互相帮助，定时整体“搬迁”新座位。这种做法非常好！

然而，现在某些学校的“创新”让客观自然的座位属性打上了主观的功利色彩。这种“创新”打着“激励”学生的幌子，将学生分为三六九等，破坏了教育的公平，也伤害了学生的尊严。

以前我就听说过，有个别老师因为收了家长的礼物，而按家长的意愿给其孩子安排“好座位”，没想到现在居然根据每一次的考试成绩编排各班学生的座位。

苏霍姆林斯基说：“学校所做的一切都应该包含深刻的道德意义。”而现在某些学校，则让学校的每一个行为乃至每一个细节，都抹上了浓厚的应试教育功利色彩，教师成了这台日夜轰鸣的庞大机器旁的一个操作工人，而学生则是流水线上正在被加工的一个部件。教育的人文属性荡然无存——甚至可以说，教育消失了！

讽刺的是，这种安排座位的“创新”从来不会出现在学校的任何公开的文字中；相反，在向社会吹嘘学校时，在面对上级领导视察时，在迎接各种督导验收时，校长总是会唾沫横飞地大谈特谈“素质教育”“内涵发展”“课程改革”“智慧校园”“尊重学生”“以人为本”……却只字不提“座位改革”。这也是某些学校的“潜规则”吧？

为什么不理直气壮地宣传“座位改革”如何“激励”了学生的“上进心”，带动了“教育质量”（其实就是升学率）的“提高”呢？可见，校长心虚，他也知道这是有悖于教育的人文性的，是拿不上台面的“教育”。

我曾与某学校的一位班主任聊这事儿。他说：“其实没您说的那么严重，学生都习惯了，包括坐后面的差生，都适应学校的规则。”

这正是最可怕的地方。

我想起 40 多年前我当知青的时候，曾目睹一个社员因“偷”了生产队的一个粪桶而被公社治保主任吊打的情景。事后，我充满同情地问他：“你咋个不反抗嘛！”记得他当时很惊讶我的提问，竟然理直气壮地说：“人家是公社干部，我做错了事，人家当然应该打我嘛！”听了他的话，我感到悲哀。

我知道，根据成绩安排座位，似乎不能与当年公社干部打社员相提并论，但不但习惯了“不正常”反而认为这种“不正常”是“正常”的，这种悲哀是一样的。

别用“都是应试教育给逼的，校长也没办法”来为这种做法辩护。更多的学校不一样头顶应试的压力吗？我在成都市武侯实验中学担任校长九年，我们学校地处城郊，学生大多来自失地农民和进城务工人员的家庭，这样的学校教育质量的压力之大，可想而知。但我和我的老师从来就没有因此在座位上打过主意。

今天，在写这篇文章之前，我突然有些莫名的担心，成都市武侯实验中学会不会也“不能免俗”呢？于是，我在微信上问了问原来的同事，得到的答复是：“李老师，我可以负责任地对您说，我们任何一个班的学生的座位都绝对不是按照成绩好坏来安排的。我们每个班的座位基本上都是这样安排的，就是成绩好坏搭配坐在一起，偏科因素也要考虑，便于互相帮助。男女生均衡要考虑，性格外向内向的互补也要考虑，等等。一个班就是一个整体，既要考虑每一个学生的进步，也要考虑整体的发展。李老师放心，很多底线，我们还是守得住的。”

我听了非常感动。其实，我卸任校长后，武侯实验中学的校长已经换了两任，但六年过去了，“很多底线”新校长和老师们依然“守得住”。

当然，还有一种按成绩安排“考试座位”的做法，即在大考时全年级各班顺序打乱，根据上一次大考的成绩统一安排考室和考试座位。严格说起来，这种做法也不太妥当，我在20世纪80年代就专门写过一篇《论考试过程中的教育因素——评“混班交叉”的考试方法》，对此提出过批评。1985年的一次期中考试，我甚至拒绝服从学校统一规定的“混班考试”决定，执意在我班进行无监督考试（这是我班最值得骄傲的地方），为此和分管领导还发生了激烈的冲突。

但现在看来，这种按年级统一安排考室和考号的方法，和班级内按成绩安排座位还不完全一样。毕竟“考试座位”只是临时性的，不是教室里固定的长时间座位。而且校方更多的是从防止大面积作弊的情况考虑——根据现在作弊情况日趋严重的现实而不得不采取的防范措施。这不是最好的，但可以理解。当年，我班能够做到“无监督考试”而无人作弊，可学校领导得考虑全校的实际情况。我的理念没错，在我班上也落实得很好；但从全校的角度看，的确理想化了。

当然，我希望这种方式最终也能取消。

其实，一些学校为了升学率竞争还有更不人道甚至反人性的做法，相比之下，按成绩安排座位简直“微不足道”。但是，教育无小事，更何况“勿以恶小而为之”。

我真希望，中国所有的校长都能守住某些教育底线。从小处说，为了每一个孩子；从大处说，为了我们民族。这真的一点儿都不夸张。

2021 年 3 月 6 日

凭什么不让孩子在校园里“高声喧哗”“追逐打闹”？

不少中小学都有一条规定：校园内严禁高声喧哗、追逐打闹。

对这条规定，我一直不理解：正值活蹦乱跳的年龄，孩子们“高声喧哗”“追逐打闹”不是很正常吗？

苏霍姆林斯基在《把整个心灵献给孩子》一书中写道：“我教的孩子，他们首先是活生生的人，是活蹦乱跳的孩子，其次才是学生。”

我想到我小时候，无论读小学还是中学，一下课我和小伙伴出了教室，便打打闹闹，你蹭我一下，我推你一下，特别亲热，也特别开心。当然，有时候推着搡着可能也生气，但不一会儿又嘻嘻哈哈了。即使真的打起来了，你压着我，我又反过来压着你，有时候身上因此青一块紫一块的，但第二天就和好如初了。几十年后相见回想起来，那不过是“童年趣事”一件。

如果谁非要说这是“校园霸凌”，我只能说他要么无知，要么故意混淆概念。

设想一下，如果没有“高声喧哗”“追逐打闹”，整个校园寂静无声，这是学校呢，还是教堂，或是医院的重症监护室？

所谓“高声喧哗”，就是孩子们大声说笑，声音嘈杂；所谓“追逐打闹”，就是孩子们你推我搡，互相嬉戏。这不是孩子天真烂漫、纯真无邪的自然呈现吗？为什么要禁止呢？

孩子们的天性就是爱说爱笑、爱打爱闹，如果孩子整天沉默寡言，没精打采，做父母的倒会很着急：“这孩子怎么了？是不是病了？”可我们的老师，却不许孩子在校园“高声喧哗”“追逐打闹”，这是不是有些不对劲儿?

我实在想不通，这种规定的依据何在？我查了查教育部颁发的《中小学生日常行为规范》，没有这样的要求，只有一句：“公共场合不喧哗。”我理解这里所谓的公共场合指的是大街、影剧院、会场、博物馆之类的地方，在这些地方“高声喧哗”会影响公共秩序，也是对别人的不尊重。严格地说，两人以上的场所，包括学校教室和寝室都属于公共场合，但校园显然不属于《中小学生日常行为规范》中说的公共场合。孩子们憋了 40 分钟，下课后大声说笑，有什么关系呢?

对于“严禁追逐打闹”的规定，我理解学校主要还是从安全角度考虑的。现在的孩子，一个个都很娇贵，尤其是现在的一些父母，孩子稍有一点皮肉伤，就会找到学校闹。当然，孩子们有时候闹起来的确没轻重，失手造成身体伤害的情况也的确存在。所以，学校干脆规定“严禁追逐打闹”，这可以理解。

但我依然认为，简单地“严禁”是不妥的。我们的着眼点不应该是“管理方便”“不出事”，而是应该引导孩子，将他们的行为予以合理规范。我当班主任时，从不禁止学生打闹，相反，我还经常和孩子们一起“打闹”，比如摔跤、斗鸡，等等。但我们的班规有一条规定：“不得在教学区里打闹，不得带着器械打闹。”

规定地点，只能徒手——这就保证了“追逐打闹”的安全。规定“不得在教学区里打闹”，还有一个原因，就是孩子打闹不能妨碍其他同学学习，也不能影响办公室里的老师。

“一切为了孩子”“为了孩子的一切”“为了一切孩子”……这样的话贴在不少学校的墙上，但往往一到关键时候，这些话都成了“一切为了管理方便”。

怎样才能既保证孩子安全又维护学校秩序，同时，还能尊重孩子的天性呢？我建议学校给规定加个状语，改为：“上课和集会时不得高声喧哗，教学区内不得追逐打闹。”

允许学生高声喧哗和追逐打闹，绝不是培养没有教养的野蛮人，而是不束缚孩子的天性，让他们像花儿一样自由自在地开放罢了。但这并不意味着不教会他们文明的举止和尊重他人的行为习惯。这是两个概念，不可混淆，不能对立。

这和一些学校倡导培养“淑女”“绅士”也不矛盾。关键是，要教会学生什么时候可以无拘无束地释放天性，什么时候应该尊重他人与公共秩序。事实上，真正的淑女、绅士，在博物馆、影剧院等公共场合是优雅恬静的，而在户外活动时则活泼大方。

但我们现在一些孩子恰恰相反，该肃静的时候高声喧哗，该活泼的时候拘谨内向。

几年前，一位小学老师告诉我，她班上一个孩子的父亲是企业老总，时间比较灵活，所以时不时爱往学校跑。最初老师以为这位父亲是有什么事，或者他的孩子有什么特殊情况需要请老师关照。后来这父亲说：“没事，我就喜欢到学校来，因为学校有孩子，这种热闹鲜活的气氛太好啦！我是来享受的。”他还说他“听到孩子们的喧闹就觉得自己也年轻了”。

作为老师，每天置身于孩子活泼的身影和无邪的说笑中，该是多么幸福！

苏联著名教育家阿莫纳什维利说过一句非常朴素、深刻而又动情的话：“谁爱儿童的叽叽喳喳声，谁就愿意从事教育工作；而谁爱儿童的叽叽喳喳声已经爱得入迷，谁就能获得自己职业的幸福。”

可以说，没有“叽叽喳喳”就没有了教师的幸福；还可以说，没有了“叽叽喳喳”，就没有了完整的学校。

甚至可以毫不夸张地说，禁止了孩子的“高声喧哗”和“追逐打闹”，就扼杀了一个民族未来生机勃勃的创造力。

2021年3月26日

学生校园安全责任，由家长说了算吗？

一

昨天我推出《凭什么不让孩子在校园“高声喧哗”“追逐打闹”？》的文章，反响强烈。留言超过300条，后面的留言大多无法放出，说实话，我也没来得及一一看。

但是，多数朋友留言的重点，我是知道的，这就是：学校之所以不敢让孩子们“追逐打闹”，主要是还是担心家长到学校来“打闹”。不出事则已，一旦出事（哪怕事儿并不严重），学校将面临来自家长的巨大压力。

作为在学校工作几十年而且还当过校长的我，对此感受太深了。

昨天许多留言者是家长，他们也呼唤学校不要把孩子管得太死，希望给孩子一点儿活泼与自由。看到类似留言，我就忍不住在心里问：如果您的孩子在校园和同学嬉戏打闹时受了伤，您会来找学校闹吗？

从某种意义上说，正是少数动辄无理取闹的家长，束缚住了学校的手脚，让学校不得不严格管理学生。昨天的留言中有网友说，现在一些学校越来越像“监狱”。我说，若真如此，那“监狱长”不是校长，而是家长！

然而，仅仅责备家长是苍白无力的。现实就是如此，只是谴责那些不讲道理的家长是无济于事的。

我想深入思考的问题是：校园出现了学生安全事件（或“事故”），责任认定由谁说了算？

按理说，应该由法律说了算，而不应该由教育局、学校或家长说了算，否则，这是“人治”而非“法治”。

而“法治”必须通过“法制”（一系列法律和制度）来实现。从这个角度说，出了安全事故追究责任时，既不由学校说了算，也不由家长说了算，而应该由法律说了算。

问题是：现在我们有这样的法律吗？

这就是我今天要说的重点。

二

先扯远一些，说说国外吧！

我有幸两次应安徒生国际幼儿师范学院的邀请前往丹麦学习考察，也了解了一下丹麦学校是如何看待学生的安全问题的。

第一次去丹麦，在课堂上听到一位教授说：“在幼儿园，孩子自由地玩，没人告诉孩子应该怎么玩。因为老师鼓励孩子们自己去创造游戏，只是在一定的安全范围内即可，丹麦人害怕过度强调安全而束缚儿童手脚，影响他们的创造力。”

我们问了一个问题：“如果孩子出了安全问题，比如摔伤了，家长会不会来追究学校的责任？”

他说：“我曾经当过幼儿园老师，有一次我班上的一个孩子在教室里不小心摔伤了，小腿骨折。孩子家长来幼儿园后接孩子时第一句话是说：‘老师，对不起，是我孩子不小心摔伤了，给您添麻烦了！’”

我们目瞪口呆——“居然”有这样的家长！

出来后，有一个幼儿园老师说：“作为中国的幼儿园老师，我简直想哭。”

第二次去丹麦，我在考察斯莱特学校时和该校副校长以及部分老师开展了一次座谈会，我问：“如果孩子在学校发生了安全事故，比如摔伤了，家长会有怎样的态度？”

副校长说：“我就是体育老师，首先，我会保证所有的运动环境、体育设施都是安全的，但作为老师，我从来没有考虑来自家长的压力，我从来没有过。我从来没有过这方面的顾虑。学生家长之所以选择这所学校，就是因为知道这里的老师是称职的，知道老师不会违反常识常理让孩子去冒风险，就是说，家长对这个学校的老师充满信任。”

一位女教师补充回答说：“有一次有一个学生上课，不小心被玻璃划伤手了，我给孩子做了包扎，给他妈妈打电话说了这事，他妈妈都不来，说老师处理好了就可以了。其实，要说压力，我也不是没有压力，但这压力来自我们自己，比如，在做饭活动中，有时候要动剪子动刀子，这里面都有潜在的危险，所以我也紧张。但我们的担心是出自对孩子本身出现意外伤害的担心，而不是来自对家长压力的担心。”

丹麦老师生活在一个老师和学生家长彼此充分信任的社会里，他们的职业幸福指数当然高。

三

也许有人会说：“丹麦的文化传统和中国不一样，不好比的。”

那我就说说中国的台湾吧！

2014 年春天，我去了台湾。在台北奎山中学，发现他们学校的学生是可以爬树的，校园里所有的树，孩子们都是可以爬的。我很吃惊，问校长：“为什么要允许孩子爬树呢？”

他反问我：“难道爬树不是孩子的天性吗？”

我问：“孩子摔着了怎么办？”

他回答很干脆：“摔着了爬起来就是了嘛！”

我以大陆教师的眼光看校园，发现了许多“安全隐患”。比如，他们的一些教室窗外放着小木梯，供喜欢翻窗的孩子翻进教室；又比如，他们一幢教学楼有旋转滑梯，孩子们下课后直接从旋转滑梯滑到操场……

我问校长："出了安全事故怎么办？"

他说："我们学校建于1963年，50多年来，从来没有出现过因滑滑梯而导致的安全事故。孩子的自我保护意识和能力比我们想的要强。"他又补充了一句："就算是出现了孩子因滑滑梯摔伤的情况，我们也不可能拆除这个滑梯，因为孩子的成长需要这样的滑梯。"

我明白了，"出事"是偶然的，但孩子成长过程中应有的体能训练和意志锻炼以及应该获得的童趣享受，则是必然的，也是必需的。

我只是感到悲哀——同样是中国教师，为什么大陆的教师就当得那么战战兢兢呢？

四

我说大陆教师当得战战兢兢可没有一点儿夸张。

如果有这么一位老师，时不时（或者甚至是每天）都给家长发短信提醒：要注意孩子在家一日三餐吃饱吃好，别让孩子饿着肚子，还要注意孩子营养，别让孩子挑食；要根据天气变化适时给孩子增减衣物；如果孩子感冒了要及时送孩子去医院看医生……

对这样的提醒，你会有什么感觉？

反正我会感到很奇葩。"奇葩"之处不在于老师的提醒本身，相反，我对这样的老师由衷敬佩——这是多么有责任心的老师啊！只是在敬佩的同时，我更多的是感到一种教育的悲哀，这份悲哀是由家长失职导致的。这名老师对家长提的要求，每一条都是家长的分内之事，还需要老师提醒吗？但家长本来该做的事，居然要老师郑重提醒，这只能说明，被提醒的家长是不合格的。

五

"有这样的提醒吗？"也许有人会以为我在夸张。当然有！我就看到一份类似的提醒。

某省教育厅某年初发布了《致全省中小学生家长寒假学生安全的警示》。都警示些什么呢？“要教育孩子不要在河流、池塘、水渠等水域滑冰、玩耍，严防溺水。”“未成年人外出要有家长陪同。”“严防冬季燃煤取暖煤气中毒。”“教会孩子安全燃放烟花爆竹。”“教会孩子预防火灾的基本知识。”“教会孩子安全用电。”……

应该说，该省教育厅是本着对全省中小学生生命安全高度负责精神而发出这份警示的，因此，我向该省教育厅厅长表示真诚的敬意，因为他心中装着所辖中小学的每一个孩子！但这份警示在体现出该省教育厅高度的负责精神的同时，却暴露出相当一部分家长的失职。我说“相当一部分家长的失职”有着充分的依据，依据就在于这份“警示”的标题部分是“致全省中小学生家长”。如果只是个别家长，省教育厅用得着发这么一份通知吗？

六

但是请问，警示中的哪一条不是一个家长对孩子应尽的起码责任？游泳安全、预防火灾、正确用电之类，难道不是每一个家长在孩子小时候就应该告诉并教会他的吗？如果是在学校，学生的这一切由老师负责，这是没问题的；可这是寒假啊，家长是孩子的第一监护人，“监护”什么呢？除了养育，不就是警示中所列的安全注意事项吗？现在，省教育厅以公开发文的形式提醒“全省中小学生家长”，这不正说明不少家长根本没有把自己孩子在家的安全放在心上吗？

虽然前面我用了“相当一部分”和“为数不少”的表述，但实事求是地说，大多数学生家长对孩子的安全教育和监护还是很重视的，毕竟孩子是自己的心头肉，怎么能不格外心疼而细心呵护呢？可是，也应该看到，确有一些学生家长对孩子太不负责任，他们把孩子的一切都推给学校，不管孩子出了什么问题，反正都是老师的事。

的确，学校教育和家庭教育不可截然分开，孩子的品质培养、能力提升既是老师的事也是家长的事，但对于孩子在家的表现——自觉学习、勤做家务、尊敬长辈等，老师只能利用在校时间进行一些相关教育，而不能也无法监控孩子在家的一举一动，老师也没这个义务。孩子在家的安全，更不是老师的责任。老师如果在学校对学生进行了相关的安全教育，包括放学或放假前提醒学生回家路上以及在家的安全注意事项，那他就已经尽到自己的责任了。而学生离开学校后，在节假日期间发生的任何安全事故，只能由其第一监护人家长承担责任。

七

但是，现在学校面临的尴尬，或者说老师所遭遇的不公正，就在于一些（不是大多数，但绝非个别）家长把自己该负的责任一股脑儿全推给了学校和老师。

这样的“新闻”已经不是新闻了——孩子放学路上出了交通事故，或者在假期下河游泳不幸身亡，家长不由分说会到学校“讨说法”，找班主任，找校长，找局长……总之，无论什么原因，只要学生被伤害或死亡，相关的家长、亲属等往往会把责任统统推给学校，进而提出种种无理要求，甚至漫天要价，达不到目的就组织亲戚朋友大闹学校，在学校门口摆花圈、设灵堂，这严重干扰了学校正常的教育秩序。因此，校方不得不将几乎所有精力用于应付家长的纠缠，哪还有精力抓教育？

而且，无论家长怎样胡搅蛮缠，考虑到“稳定”，害怕家长“上访闹事”——家长就吃准了这个——学校和教育者往往是息事宁人，迁就退让。如此一来，学校成了“无限责任公司”，于是校长和老师的第一压力居然不是教育教学质量，而是学生的安全。如果这个“安全”指的是学生在校的安全，那学校和老师当然认了，可很多时候，明明是学生家长的责任，也要学校承担，要老师承担。这是什么逻辑？

八

当然，也不能说所有的家长都是无理取闹，有时候的确是学校的责任。问题是，究竟是学校的责任还是家长的责任，谁来认定？

本来遇到这样的事故,理性、正确的做法是,要么调解协商,要么司法解决。学校教育和家庭教育当然需要配合，但教师和家长谁该做什么，谁不该做什么，必须有一个明确的界线。教育理念要达成统一，教育原则要共同遵守。家长不应该对学校教育说三道四(通过合法的民主渠道和程序参与学校管理，是另外一回事)。教师也没有义务管到学生回家后的吃喝拉撒,包括用电安全、防止中毒之类。

当然，要做到这一点，光靠学校和家庭口头约定是远远不够的，必须靠法律来保证。所以，我一直希望国家能够制定《中小学校园安全工作法》，明确学校安全工作范围以及相应的法律责任及相关安全事故的认定和处理办法。

正如我本文开头所说，究竟该谁负责，最终应该由法律说了算。

九

我查了一下，2002 年教育部发布了《学生伤害事故处理办法》，对事故与责任、事故处理程序、事故损害的赔偿等都做出了明确的规定，按理说有规可依。但《学生伤害事故处理办法》对处理程序的规定是:“发生学生伤害事故，学校与受伤害学生或者学生家长可以通过协商方式解决；双方自愿，可以书面请求主管教育行政部门进行调解。……经教育行政部门调解，双方就事故处理达成一致意见的，应当在调解人员的见证下签订调解协议，结束调解;在调解期限内,双方不能达成一致意见,或者调解过程中一方提起诉讼,人民法院已经受理的，应当终止调解。”

也就是说，事故一旦发生，就是学校、家长直接“交锋”，结果可想而知。尽管有教育部发布的《学生伤害事故处理办法》,但它毕竟不是法律文本,缺乏强制性，因而在实践中往往形同一纸空文。

因此，我强烈建议制定明确的法律法规。

由于学校毕竟是公益事业单位，国家政府部门有公共管理的职责，学校安全事故的责任划分、处理等，都需要有明确的法律法规规定，只有这样，才有权威性，才能预防和减少事故的发生。即使事故发生，也能及时处理纠纷。虽然教育部有了一些政策规定，但很不明确，很不规范，与法治要求相距甚远。所以，应该把中小学校园安全立法提到议事日程上来。目前，有的省、自治区、直辖市对此已经制定了地方性法规，但我希望有一部全国统一的《中小学校园安全工作法》，这样就有法可依，可以规范学校、学生、家长的行为，明确是非曲直，给校园安全一个“说法”，让学生、家长、学校规范自己的行为，依法办事。

十

我上面说了，也不能说每次都是家长无理、学校有理，但怕就怕“公说公有理，婆说婆有理”。因此，我认为应该成立一个相对超脱于学校和家庭各自利益的校园安全事故处理机构。

这个机构应该独立于学校与教育行政部门之外，类似“第三方”，专门负责处理校园安全事故。一旦学校出现安全伤害甚至伤亡事故，该机构便依法负责对事故作性质鉴定、责任认定，并进行相应的调解，维护学校、学生的合法权益。如双方或其中一方不服该机构调解，可再向人民法院提起诉讼，以人民法院的裁定书、判决书或调解书为最终结果。而这一切程序都由该机构代理，以保证学校的教育秩序不受事故干扰，也公正地维护各方的权益。

如果这样，一旦学生出现安全问题，学校不用担心学生家长扯皮，家长也不用到教育局“上访”。大家都依法律，该谁的责任就是谁的责任。依法治校，就从这里开始。

十一

除此以外，我还建议建立国家财政保障机制，将校园的所有意外安全事故的计费开支包括相关赔偿纳入国家财政管理。也就是说，只要学生在学校出现了非学校责任而导致的意外安全事故，相关的所有费用由国家买单。

在和丹麦教师聊学生校园安全时，他们还说到，他们之所以没有压力，和社会保障体系很完善有关。因为一旦学生出了事，住院、手术，都有相关的机构出钱。我觉得这点也很重要。

家长和学校因孩子安全责任产生纠纷，很多时候就是因为经济原因，这虽然不能说是唯一的原因，但的确是一个重要原因。如果国家像对待重大自然灾难一样对待学校意外安全事件，提供强有力的财政保障，很多“纠纷”将不会发生。

每一次因为校园安全事件乃至事故造成的伤亡，都是令人痛惜的。毕竟人的生命只有一次。所以，厘清责任、汲取教训不但应该，而且必须。毕竟健康和生命不能白白失去。问题是，离开了法律去“扯皮”，谁都说不清；都站在自己的角度，更是说不清。

所以，最好的办法是交给法律，交给第三方。

2018 年 12 月 22 日初稿
2021 年 3 月 28 日修改

要赛课，还是要学生？

一个小学三年级孩子的家长告诉我：“儿子回来说，语文老师一周没上课了，语文课都是其他老师代上。”

巧了，上周也有一个初一孩子的家长对我说：“女儿班主任参加一个全国班会大赛，好几天不在学校，由德育副主任代理班主任。”

我想起几年前，一位孩子已经读大学的母亲与我聊天。她说，当初她托关系费了好多周折，才把儿子安排在班主任是市级学科带头人的班上。谁知这个班主任是学校极力打造的名师，经常要代表学校去参加各种比赛，结果她儿子的数学课经常请人代课，她后悔极了。

我长期在学校工作，对这样的“内幕”太清楚了。

教育行政部门和科研单位以及一些社会机构组织举办学科和德育的各类大赛，本身是无可厚非的。毕竟通过这些比赛，锻炼了许多年轻教师，提升了他们的教育综合素质。应该说，各类大赛对年轻教师成长的促进作用，是有目共睹的。

但凡事都有一个度。无论如何，与在学校每天和孩子相处、为他们上好每一堂课相比，教师外出参赛毕竟是第二位的。如果本末倒置，便超过了应有的度。

按说学校教师参赛并不会影响正常的教学秩序。之所以产生上面几位家长说的结果，是因为两点：

第一，反复打磨，折腾教师。想想，现在的公开课，有多少是真实、朴实、自然的？一个教师出去参赛，学校一定要把教案当作“集体智慧的结晶”而让参赛教师不停地修改，不停地借班试上。光 PPT 的“精心打磨”就往往把参赛教师累得吐血，真正是“呕心沥血”。在这一过程中，参赛教师哪儿还有精力顾及班上的日常管理和教学？

第二，突出个人，打造明星。有些东西本来不错，可慢慢就变味了。比如安排优秀教师代表学校参加比赛，这本来是培养教师的途径之一，那就应该尽可能扩大参赛面，让更多的教师脱颖而出。但有的学校是着力“包装”某一个教师，什么机会都给他，他自然马不停蹄累个不停，他班上的课当然会受到影响。

我经常拿现在的教学环境与当年我大学毕业时的教育生态作比较。当年可没这么多的赛课，最多偶尔有学科比赛，至少在 20 世纪 80 年代没听说过有班主任技能大赛、班会大赛的说法。那时候我能够平心静气地和孩子们过着每一个普通而有意思的日子，从容不迫，不急不躁。我就为自己也为孩子设计过许多有意思的活动，这些活动成了他们几十年后最温馨的记忆。那时候，没有这个“大赛”那个“秀”的，也没有那么多的“全国十佳”之类的评比，可魏书生、任小艾、高金英、丁如许等一大批杰出的班主任却自然而然地涌现了出来。

现在，年轻人有太多“平台”呼唤着他们去展示自己的才华，有太多的“机会”等着他们去拿“一等奖”。这样的好处，是对年轻人有激励作用，催促着年轻人在激烈竞争中成长，但最大的弊端，就是诱发了一些年轻人心灵深处的功利心。渐渐的，有的教师想得更多的是如何“一炮打响”，如何“崭露头角”，然后凭着堆叠的荣誉证书“破格”评高级和正高级教师，或尽快进入“管理层”……而陪伴着孩子成长，给他们上好每一堂课，倒成了次要的任务，乃至“负担”了。

应该反思一下，对于一个教师来说，什么是最重要的？不就是一个个孩子吗?

我再说一遍，我没有反对组织各种教育教学竞赛的意思，但我反对喧宾夺主、本末倒置。

我经常想,外出赛课的目的是什么？如果以牺牲正常的课堂教学为代价，这样的赛课还是不参加为好。

2021年3月25日

中小学教师应该取消寒暑假吗？

最近，教师所拥有的天经地义的寒暑假居然也成了一个有争议的热门话题。

我用了“天经地义”和“居然”的表述，是因为在我看来，这本来不应该有丝毫的“争议”。《中华人民共和国教师法》第二章“权利和义务”第七条明确规定：“按时获取工资报酬，享受国家规定的福利待遇以及寒暑假期的带薪休假。”

但主张取消教师寒暑假的人却提出了一个理由：“你们教师不是嚷着要和国家公务员享受同等收入待遇吗？那公务员也没有寒暑假啊！”

什么叫“嚷着”？“教师的平均工资水平应当不低于或者高于国家公务员的平均工资水平，并逐步提高。”这是写入《中华人民共和国教师法》的国家意志，哪是教师自己“嚷”来的呀？

主张取消教师寒暑假的人忽略了教师工作的特殊性，就是教师，尤其是中小学教师，完全无法保证国家规定的“八小时工作制”。

是的，《中华人民共和国劳动法》第三十六条已经明确规定：“国家实行劳动者每日工作时间不超过八小时、平均每周工作时间不超过四十四小时的工时制度。”但教师每天的常规工作有着不同于其他职业的特点：早自习、晚自习、住宿制学校的生活管理、课外辅导、个别谈心、接待家长以及处理各种突发事件……更不用说即使回家还要备课、批改作业以及周末有时还要家访。这一切决定了教师职业的特殊性，即难以用单纯的时间来计算工作量。

也正因为这个特殊性，我也对有的教师主张“教师八小时工作制”持不支持态度，因为教师职业的特殊性，决定了实行“八小时工作制”不现实。

这么一来，是不是意味着中小学教师作为劳动者的权利就无法保障呢？不是。我认为，寒暑假的设立就是一种补偿。当然，寒暑假的意义远远不止“补偿”教师的休息时间，它对于学生的身心健康和全面发展也有着重要的意义。

有人会说：“公务员不也有加班的时候吗？那也应该有补偿，也应该有寒暑假啊！”是的，公务员也有加班的时候，但这种加班是临时性的，绝非如教师早晚自习和守住校生晚寝那样是常态。因为临时加班——虽然有的部门可能在某一时期是经常性的——而设立公务员寒暑假，显然不合适。

当然，作为人民公仆的国家公务员，确实默默无闻地为国家为老百姓付出了许多，对此我由衷地表示敬意。

但无论如何，所谓“教师待遇收入既然不低于公务员，那当然就不应该有寒暑假”的论调是站不住脚的：因为损害了教师，最终受损害的还有教师们在八小时以外所服务的孩子。

除非说这话的人没有孩子。

2021 年 7 月 5 日

教师的假期不能成了“假”期

看过一份某校的假期安排。从放假开始第一天，到假期的最后一天，几乎每天都有事：师德培训、专项学习、抄写文件、撰写心得……

如此一来，假期便成了“假”期。

应该承认，在某些特殊时期，老师们牺牲一些寒暑假时间，是可以理解的；对于学校某些特殊部门的员工，寒暑假不能得到足够的保证，也是岗位特殊所致，如后勤部门和招生部门的员工。对于学校管理层，每年暑假几乎没有休息时间，甚至成了常态，尤其是校长。另外，学校寒暑假安排老师轮流值班，也是应该的。

上述几种情况都不是我批评的对象。我想问的是，在没有发生洪涝、地震等自然灾害和承担创卫、迎检等特殊任务的正常情况下，为什么老师的正常假期仍得不到保证？

对教师有寒暑假，社会上居然有些人不理解，颇有非议，可是寒暑假同时也是属于学生的呀！如果非议者的孩子没有假期，一直不停地天天上学，别说孩子，估计家长早就受不了。可为什么孩子有假期，老师就不能有假期呢？

学校设立寒暑假是有科学依据的，也是教育的特点决定的。师生在经过长时间高强度脑力消耗后，必须有一个精神上的缓冲和调节，所谓“文武之道，一张一弛”。对孩子来说，这也不完全是纯粹的玩儿（其实有点“纯粹的玩儿”也没有什么不好），而是进入了另一种学习状态：远足、研学、社会调查与实践、发展个人兴趣爱好等；对教师来说，也不完全是纯粹的休息（同样，其实有点“纯粹的休息”也是理所应当的），而是进入了另一种工作状态：自由阅读、真情写作、开心旅游、行万里路、扩大视野、保养身体……

所以，寒暑假是教师职业的标配，中外学校没有例外。有的国家不但有寒假和暑假，还有春假与秋假呢！

说句公道话，牺牲假期最多的是校长和学校的行政人员。对他们来说，尤其是校长，几乎是没有暑假的，寒假也最多能够保证春节前后几天。我当过校长，对此很有体会。

当然，学校总有些事是需要教师在假期做的，因此有时不得不让教师做点自我牺牲，作为有责任心的教师，不会因此斤斤计较的，但这不能成为每年寒暑假的常态。还有不少教师，假期到学校坚持工作，比如，体育教师利用假期继续义务训练运动队的孩子，无任何额外补贴。这些教师的奉献精神令人钦佩，校长可以表扬，在可能的情况下，可以给予奖励。但这种行为不宜提倡，更不能以这少数教师的行为为榜样去要求每一个教师都这样做。

寒暑假使教师拥有可以自由支配的时间，也让他们能够养精蓄锐，以更健康的身体和更饱满的精神迎接新学期的工作。如果假期里还要设法克扣教师的自由时间，这样“缺斤短两”的放假就是放“假”。本来待遇就不高，现在连寒暑假都要被剥夺，让教师真是没想头了。

2018 年 7 月 10 日

我呼吁义务教育阶段恢复留级制度

我小时候，国家是有留级制度的。所谓“留级”，就是留在原来的年级学习。这当然是针对学习成绩差，实在无法继续升入新的年级学习的学生采取的措施。

后来不知什么原因，大概是从国家实行义务教育开始吧，学校不许留级了。我查了一下，也没查到不许留级的相关法律依据。有人说是 2006 年 9 月 1 日实施的《中华人民共和国义务教育法》规定的“不许留级”，但我没印象。为了写这篇短文，我再次仔细查阅了该法律条文，从头到尾没有发现“留级”二字。

倒是从网上“百度知道”查到相关信息——

> 教育部不鼓励小学生留级。
>
> 《人民网·教育频道》以《教育部：义务教育阶段不鼓励学生留级跳级》为题解释了为什么不鼓励义务教育阶段学生留级。
>
> 教育部基础教育一司在解答中小学生电子学籍管理常见问题时表示，义务教育属基本公共服务，具有平等、公平、强制等特征，所以原则上不鼓励留级、跳级。
>
> 留级、跳级问题属于具体的学生管理问题，是学籍异动，根据《中小学生学籍管理办法》，留级、跳级的条件和办理要求由省级教育行政部门作出规定。

> 全国中小学电子学籍系统具备管理留级、跳级等各类学籍变动的功能，但是否启用及具体操作权限，均完全在各地，由省级教育行政部门统筹管理。

从这里我了解到，原来不许留级的理由是："义务教育属基本公共服务，具有平等、公平、强制等特征，所以原则上不鼓励留级、跳级。"而且现在各级政府对学生实行电子学籍管理，理论上无法留级——其实是在操作上堵死了学生留级的路径。据说，这也是"为了保障教育公平"。

但我没有看出，允许学生留级与"平等、公平、强制"有什么关系。

所谓"平等"就是无差别对待，所有人都享有同等的机会。体现在教育中，就是每一个适龄孩子都有权利享受教育，即孔子说的"有教无类"。这和我们说的"留级"是两个概念。难道说，让孩子留级就是"有差别"对待吗？

所谓"公平"，就是教育过程中的不偏袒，不偏爱，也不冷落和歧视任何一个孩子。这和"留级"也不是一个层面上的问题。难道"留级"就是歧视孩子吗？

估计有人正是认为"留级"违反了教育公平的原则。但持这种观点的人忘记了，教育公平，绝不是"一刀切"地让孩子"齐刷刷"地成长，而恰恰就是差别化对待。因为孩子是各不相同的——基础不同，资质不同，性格不同，等等。如果"一刀切"地教学，看似公平，实则不公平。

因此，在教育教学的过程中，个性化、差别化地对待不同特点的孩子，大到让不同的孩子有不同的课程选择，小到有针对性地个别辅导，都是教师能够做到的教育公平。

同样，不同的孩子在个性特点、天赋资质、健康状况，包括发育时间等方面都各不一样，即使教师在教学中尽量面向全体也加强个别辅导，依然还是有孩子跟不上，那么，根据他的特点，允许他留级，这正是教育公平的体现。

不是说"静待花开"吗？怎么到了现实中就强迫所有的花一起开呢？

在拙著《教育的100种可能》中，我写到一个叫“张凌”的孩子。他初中第一学年都没读完，便因成绩实在太差而不得不辍学了——那时还没实行义务教育，辍学也不算违法。这个孩子特别喜欢踢球，便去上了足球学校。后来因为球踢得相当好，被日本教练看中邀请去日本踢球。到了日本，张凌也许是随着年龄的增长懂事了，也许是他的智力发育到位了，他不但完成了高中学业，而且还考上了大学——他在高中和大学都同时兼任着足球俱乐部教练，回国后成了四川省足协教练。

是的，张凌在我班上时成绩很差，但这并不意味着他笨。如果他笨，能够成为优秀的足球教练吗？他后来不一样读了高中而且还考上了大学吗？其实，当时他不是笨，而是他的“花期”未到。不同的孩子有不同的“花期”，张凌在学习上的“花期”要迟一些，成绩自然一开始会较差，可这不意味着他就没有美好的未来。

我想，几乎每一个教师班上都有一个或几个“张凌”，如果允许他们留级，就是对他们“花期”最好的尊重，也是真正的教育公平。

至于说不许留级是为了保证义务教育的“强制性”，这更是荒唐。是的，义务教育有“强制”的特征，但这里的“强制”是“强制”每一个家长必须把孩子送到学校读书，而不是“强制”每一个孩子都必须在学业上同时“开花”“结果”。

我揣摩，不许留级是不是还有一个没有明说的理由，就是会增加政府的教育成本，因为义务教育是免费教育，一个学生留级就意味着政府在他身上多投入一笔钱。如果在20年前，这的确是一条理由，但现在这条理由无比苍白，因为我国已经是世界第二大经济体了，对义务教育来说，绝对“不差钱”，关键是愿不愿意往这方面投。

与留级制度相类似的还有跳级制度，这原来也是有的（我读小学就是跳了级的），可后来被取消了。我同样呼吁，在恢复留级制度的同时，恢复跳级制度。理由前面已说，不再赘述。

从某种意义上说，真正的优质教育，首先不是豪华的校园，不是一流的硬件，不是丰富的课程，不是高学历的教师，不是“一刀切”的作业，不是齐步走的教学进度……而是让每一个孩子都能享受到最适合自己的教育。

2021 年 9 月 19 日

学生该不该穿校服?

今天，我想谈谈关于校服的话题。

赞同学生穿校服的理由很多，比如：“校服能够增强学生的集体荣誉感，让他们对学校有一种归属感。”“校服能够避免学生通过名牌服装炫富，体现了一种平等。”“校服有利于学校的安全管理，容易将本校学生和外来人员区别开来。”等等。当然还有其他理由，我这里不一一陈述了，都在“等等”里。

但我依然反对学生天天穿校服。

统一款式的校服固然能够增强学生的集体荣誉感，让他们对学校产生归属感。有的孩子毕业后一直珍藏校服，回母校看到学弟学妹穿的校服，就有一种亲切感。但荣誉感与归属感，只是源于校服？对学校的感情，主要是源于学校教师的爱、精湛的课堂教学和整个学校从校长到教师到普通员工以及同学之间的和谐关系，还有班级、学校开展的各种活动……这一切让孩子不但以学校为荣，而且多年后一想起校园生活就热泪盈眶。至少在改革开放前，中国一般的中小学是没有校服的，中小学生穿校服是从 20 世纪 90 年代渐渐开始，一直到进入新世纪后才形成普遍“传统”的。现在，许多老人一想起他们的中学和小学，依然无比怀念，有一种深入骨髓的文化依恋，可是他们当初并没有校服。

应该承认，现在有的孩子的确会炫富或攀比，穿统一的校服至少在服饰上抹去了学生家庭之间的经济差别，而实现了尊严上的平等。但如果不比校服，学生还可以比鞋子，比文具，比手表……实际上，如果孩子是富家子弟，且真有虚荣心，统一的校服并不能阻止他们的炫富。

统一的校服方便了安全管理，但为了管理者方便，就让全校上千学生穿统一的服装，这是不是以抹杀孩子个性而换取自己的“管理方便”？事实上，尽管校服流行于校园已经至少 20 年了，可校园安全事故依然不断发生，可见通过统一穿校服来减少安全隐患只是一种假设。

我当校长后，开始是坚决反对做校服的，也没有为学生做校服。但后来我校有批示，高度肯定我校的平民教育，一时间媒体都在宣传我校。后来便有领导问我：“怎么你们学校的学生不穿校服？”我回答：“没有。我不主张学生统一穿校服。”领导便对我说：“武侯实验中学现在影响越来越大，也代表成都教育的形象，还是应该有校服。”所以后来我校只好服从领导，让学生穿上了校服，但我心里一直不乐意。

我认为，校园里天真活泼的孩子，理应呈现出斑斓的青春色彩，可现在校园里只有一种色彩，就是校服的色彩。是的，当学校几千甚至上万个孩子只穿同一款式统一颜色的服装时，可能教育管理者会觉得“有一种壮观而气势磅礴的美”，尤其是课间操或全校集会的时候，那种集体美学很难让站在主席台上的领导不为之振奋，但这种“美”的代价，是孩子们个性之美的消失。

特别说明，我反对的是以纪律的名义规定学生在学校时每天必须穿校服，而并不绝对反对学校要求学生拥有校服。在某些时候，比如，每学期的开学典礼、毕业典礼、运动会、升旗仪式以及其他需要仪式感的场合，让学生穿校服，我觉得也不是不可以。

还有规定学生的发型，学生必须统一佩戴标有班级、姓名的校牌……我 20 年前就曾公开撰文说“不”。有机会我把当年的文章重新推出，供大家批评。

最后我还想说，不仅是中国，在日本、韩国、新加坡等东方国家都有校服现象，这背后的确有东方文化的某种审美传统，但学生穿校服并不是办好学校的必备条件。如果按“传统文化”的要求，我们现在学校的“欠缺”就太多了，都要一一“补”上吗？

就算要做校服，能不能设计得漂亮些？中国那么大，为什么天南地北的校园里，孩子们穿的校服都那么统一而难看？

2021年10月13日

如此“精细化管理”适合学校吗？

——谈“刷脸考勤”

一

有一名教师朋友“晒”了一张考勤的截图。截图显示，这名教师那天早晨是“07：26：08 到校”，晚上是“18：45：55 离校”。截图中有这位教师的头像，这显然是通过现代信息技术，以人脸识别的方式自动记录教师到校和离校的时间，精确到了秒。

我当时不假思索地评论道：“这是把教师当犯人管！”

我知道，这名朋友是非常优秀且在工作中很自律自觉的教师。如此管理像她这样的教师，实在是太不尊重了！

稍微冷静后，我觉得自己的即兴评论有些情绪化。我也当过校长，深知管理的难处。学校这样做只是为了把考勤制度落到实处，毕竟有一些教师的工作态度堪忧，严肃工作纪律也是对每一个学生和信任学校的家长负责。

但严肃工作纪律是不是就一定要采取这种冷冰冰的方式呢？严格管理与尊重教师真的是水火不容的吗？

在一些学校，甚至连教师办公室都安装了摄像头，便于随时监控教师的一言一行。如果说，在作为公共区域的教室里安装摄像头还有一定的合理性，那么，作为半私人空间的教师办公室安装摄像头，则不但没有必要，而且根本就不应该。想想吧，如果刚刚上了几节课的教师在办公室伸个懒腰甚至打个盹，或者吃点零食，再或者利用办公室有限的空间简单健健身……这些都被校长监控并视为“违纪”而予以处罚，这样的管理就太冷酷了。

二

也许有人会说：“这是学校，不是家里，教师在上班时间内的职业行为就应该接受监督，这是理所当然的。”是吗？那么校长、局长的办公室是不是也应该安装摄像头？再推而广之，国家各级公务员的办公室是不是也应该安装摄像头，以接受监督？

随着现代科技特别是信息技术的飞速发展，管理有了越来越多的“科学”手段。但在越来越“科学”的管理下，人情味儿却越来越淡了。

估计有人又会反驳我：“讲人情味儿就别谈管理，管理就是讲规则、讲服从、讲效率。只有铁的纪律才会产生战斗力，才会取得胜利或创造业绩。比如军队，比如企业。”

呵呵，这种思路，恕我直言，正是多年来一些学校管理者的问题所在。

一个学校有几十上百教师，当然需要管理，但注意——学校不是军营，教师不是士兵。

而把学校当作企业进行“精细化管理”，据说是一些校长的“管理创新”，现在颇为流行。类似人脸识别考勤、办公室安装摄像头之类的做法，都是学校精细化管理的具体措施。

的确有些校长（不好意思，我知道这篇文章会得罪人）喜欢引进所谓的“现代化管理”的理念和制度，尤其对所谓“精细化管理”津津乐道，自以为把学校管理得井井有条，滴水不漏，但学校之所以不同于企业的灵魂所在——每一个人（毫无例外地是每一个人）的精神自由和创造活力却荡然无存。

三

我这里不打算详细分析评价“精细化管理”的理论，但我想简单谈谈我对“精细化管理”的理解。这是源于发达国家的一种企业管理理念，它讲究落实管理责任，将管理责任具体化、明确化，它要求每一个管理者都要到位、尽职。它的精髓就在于：企业需要把握好产品质量，处理好质量与零缺陷之间的关系，建立确保精品形成的体系，为企业形成核心竞争力和创建品牌奠定基础。精细化管理的本质意义就在于它是一种对战略和目标进行分解、细化和落实的过程，是让企业的战略规划能有效贯彻到每个环节并发挥作用的过程，同时，也是提升企业整体执行能力的一个重要途径。

精细化管理的所有指向都是企业的产品质量，即精品，目标就是塑造品牌，以形成市场竞争力并最大份额地占有市场。它的对象是物而不是人——即使是员工，在精细化管理中，也成了一个特定岗位或生产流水线上被物化了的人。对于任何一个面对市场竞争的企业来说，这也许是必需的。

四

然而，学校是什么？学校的产品是什么？把这两个问题想通了，我们就不难得出结论：将精细化管理的理念和制度用于遍布活生生的人（师生）的气息的学校，是不合适的。

比如，精细化管理追求“零缺陷”，而零缺陷理论的核心是“第一次就把事情做对”。这对制造业来说无疑是对的，但教育不是制造业，学校就是成长的地方，无论是孩子，还是教师，恰恰都是在一次次试错的过程中不断地走向成熟。对教师提出“第一次就把事情做对”，何等荒唐！

又比如，精细化管理讲究“对战略和目标进行分解、细化和落实”，而教育面对人的心灵，是一个很复杂细腻的过程，远不像企业生产产品那样那么容易被量化。教育战略、教学目标不可能像企业运作那样可以进行“分解、细化和落实”，除非搞形式主义，甚至弄虚作假！学校有学校的属性，教育有教育的特点，简单地将其“精细化管理”的唯一好处，就是管理者省事，但这离真正的教育已经十万八千里了！

学校当然也要讲质量，但不同于企业那种能够立竿见影、吹糠见米的产品质量，学校的教育质量，既包括能够量化的升学率，还包括难以简单量化的人的综合素养的提升率，更包括需要几年、十几年甚至几十年后才能呈现出来的“成人率”和“成才率”！

五

把学生当作可以根据设计者的想法和“创意”而随心所欲“塑造”的物，而不是活生生的、有细腻而丰富的精神世界的人，这是当今教育最可怕的弊端。因为是“物”，自然可以像对待工厂生产流水线上的产品一样对待人，于是程序化、规范化、标准化的“精细管理”不就是很自然的吗？

根据同样的思维和逻辑，教师也就不是所谓的“人类灵魂工程师”（这个说法当然是不够准确的，但这个比喻至少说明教师是和灵魂打交道的，这是没错的），而是根据产品规格、质量标准而进行熟练操作的工人，因此，教育也就成了“制造业”。那么，作为“企业家”的校长，对手下的“产业工人”（教师）进行“精细化”的管理，不就是“顺理成章”，很“自然”也很“正常”的吗？

在工厂生产车间，为了保证产品质量和品牌声誉，一个半成品如果有了缺陷或哪怕只是瑕疵，会立即被淘汰，扔进废品堆；但在学校、在教室，一个孩子犯了错误或存在这样或那样的缺点，教师能够将其抛弃吗？——很遗憾，在应试教育背景下，一些学校对后进生正是这样做的。

对教育来说，如果一定要说“精细”，那应该是面对孩子心灵的战战兢兢的敬畏和小心翼翼的细腻，而不是对人——校长对教师，教师对学生——外在行为简单粗暴的“精细化”控制！

六

应该说，教育的特点其实就是人的特点，对影响孩子一生的教师提出了远远高于企业员工素质的要求。对这样极端重要的团队，当然需要严格管理，但这里的“严格管理”不是简单地用刷脸考勤、办公室监控等方式进行外在的行为控制，而是一方面重在精神管理——教育理想的铸造、教学技能的增强、育人艺术的提升、职业幸福的体验……另一方面，应针对知识分子的特点实施富有弹性的管理，让自觉的教师感觉不到规则的存在，而让不自觉的教师无处不感到规则的约束。

不要说我在“纸上谈兵”，不要说“理想很丰满，现实很骨感”，就在中国，我们已经有不少校长在这方面颇有创新，做得很好。

当然，所谓“颇有创新”“做得很好”，并不意味着要一窝蜂地照搬某个学校的管理模式。我认为，没有也不应该存在某种放之四海而皆准的“学校管理公式”。小学、初中、高中，新学校、老学校，城市学校、农村学校，公办学校、民办学校，普通学校、特殊学校……不同类型的学校，各自都应该有符合自己学校特点的管理方式。但无论怎样管理，必须把教师当知识分子，而不是企业员工。管理的最大效果，是绝大多数教师都心情舒畅、工作愉快、行为自律、精神自由……而不是相反。

并非什么都得“与时俱进”。在没有人脸识别和电子监控的时代，许多学校一样管理得很棒。我工作过的几所学校，当时没有说什么“精细化管理”，可无论是乐山一中、成都玉林中学，还是成都石室中学、成都市盐道街中学外语学校，照样办成了名校。按说进入21世纪的校长应该更有智慧，更有人文情怀，可有的校长怎么就那么迷信来自企业的“精细化管理”，并将管理寄托于“高科技”呢？

须知，高科技是一把双刃剑，它可能成为教育改革的助手，也可能成为学校“苛政”的帮凶。

七

这位在朋友圈晒“刷脸考勤”照片的教师对我说：“李老师，我很热爱教育，但我的心很苦！”

听了她的话我心里也很苦，因为我知道，像她这样的教师不是个例，而是很多。

应该警惕啊，为了“精准考勤”而用机器刷教师的脸，最终可能会“刷”冷教师对教育的激情，甚至“刷”掉他们对教育的一颗热爱之心。

2020年9月5日

“这不是瞎扯淡吗？”

——再谈“刷脸考勤”

一篇《如此“精细化管理”适合学校吗？——谈“刷脸考勤”》重新推出后，引起如此强烈的反响，这是在我意料之外的。

所谓“反响”就包括了不同意见的争论，这倒是在我意料之中，我也是欢迎的。顺便再次重申，“镇西茶馆”特别欢迎朋友们对我的文章提出批评。严肃认真的学术争鸣，哪怕言辞犀利，都没有关系。但我反对不讲道理的胡说八道，对于某些不是认真讨论而是来撒野的留言者，我也是毫不客气，一律拉黑的。昨天我就拉黑了一个。对某些人，我就是不“民主”不“宽容”。我的“茶馆”我做主！

回头继续说“刷脸考勤”的事。

有些朋友反复强调，对于一些懒惰的老师，如果不用严格的制度去管理和约束，就是对大多数敬业老师的不公。也有朋友说，学校的质量是最高目标，为了这个目标，牺牲一些“人文关怀”是值得的，因为换来的是“人民满意的教育”。还有朋友说，“刷脸考勤”确实不够“人性化”，但还有更好的办法吗？

这样的校长应该说为数不少。他们有强烈的事业心和高度的责任感，他们真心想把学校办好，因此总是寄希望于所谓“现代管理理念”能把学校的管理“提升一个档次”。然而，他们却忽略了一个最根本的问题：学校不是企业，师生不是企业员工……是不是离开了“刷脸考勤”之类的“现代管理手段”，学校就管不好了？我国一大批不搞“刷脸考勤”而实行真正科学的人性管理的学校证明：不是这样的！

我没搞过大数据调查，无法判断现在中国的中小学使用“刷脸考勤”管理方式的学校是多数，还是少数。但至少在我周围，“刷脸考勤”并非主流。

但昨天，我在我的校长朋友中做了个即兴小调查：“你的学校刷脸考勤吗？”被调查者有李希贵、程红兵、华应龙、卢志文、李海林、崔其升、詹大年、谢丹琦……有公办学校，有民办学校；有城市学校，有农村学校；有著名学校，有普通学校；有常规学校，有特殊学校（“问题学生”集中）；有老牌学校，有新办学校……调查结果高度一致：他们均没有在自己所在学校搞“刷脸考勤”！

其中，我特别敬佩的李希贵校长还给我打了个电话过来：“这不是瞎扯淡吗？信息技术的智能是为学生打开另一个世界的窗口。传统的管理方式是有效的，希望把传统有效的管理方式‘智能化’是很荒唐的！”

另一位北京的小学校长对我说他“不支持”的理由是：“无狎其所居，无厌其所生。夫唯不厌，是以不厌。”这话源自《道德经》，翻译成白话文就是：“不要逼迫人民不得安居，不要阻塞人民谋生的道路。只有不压迫人民，人民才不厌恶统治者。”

杜郎口中学似乎最应该搞“刷脸考勤”，但崔其升校长回复说：“不搞！自主、自觉是根本；强制、压制是祸害！”

李海林任校长的上海新纪元学校是一所私立学校，他回复我：“管理严了老师反感，管理松了会影响工作。那怎么办呢？很多校长就觉得为难。其实办法在严和松之外。两难状态本身就说明这不是一个严和松的问题。关键是老师的事业心，是自己的发展前程。校长要让每一个老师都有奔头，还需要刷什么脸呀！”

詹大年的昆明丑小鸭中学，是专收别的学校不收甚至开除的“问题学生”

的，似乎也有充足的理由“向严格管理要质量”。然而，詹大年说：“对学校这一‘造人’的特殊位置而言，我从来旗帜鲜明地反对‘刷脸考勤’。因为刷脸的手段是把‘脸’当成了‘人’的零件了。学校‘造人’是要造完整的人，是要用完整的方式造人。拆分人的管理方式怎么可以造就完整的人呢？学校管理者所有的管理措施都应该围绕‘完整’而设计，而不应该是‘方便管理’。”

我还专门问了问我担任过校长的武侯实验中学的老师，收到的回复是：“没有刷脸考勤，连坐班考勤都没有。”

刚好我今天应邀去重庆涪陵十四中开讲座。这是一所初中，有 6000 多个学生，400 余名老师。按某些人的理念，似乎最应该搞“刷脸考勤”。结果，这所学校不但没有“刷脸考勤”，而且教师不用坐班。更让我吃惊的是，这所学校也不要求教师写教案之类的，管理很是“松懈”。然而，该校的校风、教风、学风和教学质量在涪陵是最好的！

以上不搞“刷脸考勤”的学校充分地证明：所谓“精细化管理”并非学校发展唯一或者必需的选择，更不是所谓“现代管理”的“历史潮流”。

任何一个集体——团队、单位、机构乃至国家，都要有制度，这是常识。而且，作为学校，要有严格的制度，这也是常识。如果一个集体没有制度，那是不可思议的。所以，我反对“刷脸考勤”绝不是反对严格管理，更不是主张取消制度。

但严格管理，就一定要“刷脸考勤”吗？无论多么严格的制度，永远不要忘记，学校的管理对象是人，而不是物！而“人是最高价值！”

认为“如果不用严格的制度去管理和约束个别懒惰的教师，就是对大多数敬业教师的不公”的人，却忘记了，如果仅仅因为个别人懒惰而损害大多数教师的尊严，这岂不是更大的不公？甚至这种思维与“宁可错杀三千，也不放过一个”有某种相通之处。

至于说“学校的质量是最高目标，为了这个目标，牺牲一些‘人文关怀’

是值得的，因为换来的是‘人民满意的教育’”云云，这种把教师当工具（同时也把学生当机器）的做法，本身就是严重违背人性的，还好意思说这种“教育”是“人民满意的”？

我想提醒一些校长，当您以“总有教师懒惰”为由实行“刷脸考勤”的时候，您是否意识到，您这个做法本身就是一种“懒政”？

我再说一遍：

学校有学校的属性，教育有教育的特点，简单地将其“精细化管理”的唯一好处，就是管理者省事，但这离真正的教育已经十万八千里了！

2021年6月6日

真的“没有差生”吗?

——与詹大年校长商榷

我的好朋友，也是我无比钦佩的昆明丑小鸭中学校长詹大年有一句名言：“没有优生，没有差生，只有学生。”

我曾经为这句话而感动，也曾经在自己的文章里引用过这句话，以此来为他令人惊叹的教育实践点赞。我曾经把他称作“伟大的校长”。

他的什么“令人惊叹的教育实践”呢？就是他办了一所专门招收其他学校不要的“问题学生”，将这些让校长无奈、教师无法、家长无望的孩子集中在自己的学校，通过充满爱与智慧的课程与方法，让这些“问题学生”一个个回归生命的正常状态。

我相信，当詹大年说“没有优生，没有差生，只有学生”这句话时，他是真诚的。正是因为有这份博大的爱心，他才能以欣赏的眼光看待每一个顽童，并走进每一个顽童的内心。

我也理解这句话的特定含义，即作为教育者，不要戴着主观的有色眼镜去看孩子，不要预先就给孩子贴一个“优生”或“差生”的标签，而应该将他看作一个正常的孩子。这是教育的前提。

但我最近琢磨这句话，越琢磨越觉得不对劲儿。

任何正确的命题都是有前提条件的，无条件的命题都是伪命题。就如我评论过的“没有教不好的学生，只有不会教的老师”这句话，如果这是教师严于律己的自励，强调的是教师不要轻易放弃每一个孩子，那么这句话完全正确。但如果脱离了这个前提条件，这句话就完全可能被理解为一种评价标准，那就很荒唐了——学生是否能够被“教好”，原因很多，好的标准也不一，怎么能够绝对地把学生的好坏的责任（注意，我这里把“好坏”二字用在了学生身上，可能又会引起一些教育同行的反对，别急，我后面再“辩解”），都推到教师身上呢？

同样，詹大年这句话的前提条件是，他已经把这些“问题孩子”从全国各地招到自己学校了，那么无论怎样，他们都是自己的学生了。他用这句话勉励自己也告诫他的同事，要以平常心看待这些孩子，“没有优生，没有差生，只有学生”。如果没有这样一种从容淡定的心态，就不可能研究这些孩子，也不可能亲近这些孩子，更不可能转化这些孩子。

但是，我感觉詹大年有时候在传播这句话时，有绝对化的倾向。好像学生因为是小孩子所以是不会犯错误的，进而否认了“差生”的客观存在。这不是一种实事求是的科学的教育态度。

难道真的没有“差生”吗？

说到“差生”这个词，估计不少爱心人士又会反感了。近年来，不少老师为了回避这个词，发明了许多称谓：“个性生”“潜力生”“待优生”……我认为，问题的关键不在于怎么称呼，而是如何对待这些孩子。而如何对待的前提就是必须弄清，“差生”的存在是不是一种客观现象？

常识告诉我们，孩子是有差异的，这个差异既体现于个性特点，也表现于行为习惯，当然更凸显于学习能力和成绩，这是一种客观存在，没必要鸵鸟式地回避。但是，我们要明白，“差”和“优”是一个相对的概念，从来就没有孤立的“差”和“优”，关键是放在怎样的生源环境中进行比较。另外，某个学生今天“差”不等于永远“差”，这个方面“差”不等于其他方面都很“差”。我前面所说的“好”“坏”，也是这个意思。

当然，承认“差生”（其实在我的文章中，更习惯于用“后进生”这个词），目的是更好地研究，而不是将其作为一种标签，一贴了之，把孩子的成长固化了。更不能将它作为称谓去叫学生，这是对孩子自尊心的伤害。

“没有优生，没有差生，只有学生。”孤立地看这句话是什么意思呢？就是学生还是成长中的小孩子嘛，而小孩子是根本不会犯错误的。

估计大年会和我争论：“我没有说孩子不会犯错，但犯错误的孩子不一定是差生嘛！小孩子犯的那些错，没有什么大不了的，完全不必上升到原则高度。”

什么叫“差生”？搜索一下，发现百度百科中有一个较为全面的回答：

> 差生（汉语词语）：第一种是努力学习还是学习成绩差的学生，由于成绩差异使他们被区分出来，引发后续他们过激的违反教学管理的行为。第二种是本身在班级中经常违反道德原则，或者犯有严重过错的学生。他们常常表现为没有正确的人生观价值观，不能适应社会大众要求，不能遵守纪律，不好好学习，所以他们的成绩和第一种一样很差。但他们个人道德素养比之第一种更低，他们也更难被周围的人认可。虽然班级中的差生给教师在班级教学上带来一定的困扰，但是，在素质教育的前提下，教师、家长和社会不应该放弃差生。

看，犯错误和差生虽然不能画等号，但犯错误与差生是紧密相连的。我相信詹大年做得到——事实上也做到了。不因小孩子犯错误而简单地将其看成“差生”，但“没有差生”的断言，很容易在实践中让不少教师无视差生的存在，以为真的没有犯错误的小孩，或者小孩子无论犯什么错误，都“没什么大不了的”。

“他还是个孩子嘛！”不少家长的这句口头禅，掩盖了多少孩子的坏习惯？而这些坏习惯极有可能成为他人格成长的隐患。而“没有差生”，则为这句“爱孩子”的口头禅提供了“理论依据”。

与这句话类似，詹大年还有一句话：“问题孩子，有问题的不是孩子，而是我们大人。”我明白大年的意思是想说，如果我们教育的观念错了，许多没有问题的孩子，也让我们感觉有“问题”。我承认有这种情况，的确很多时候我们把孩子的特点当缺点。但难道真的没有“问题孩子”吗？这句话的意思，依然是小孩子是根本不会犯错误的。

是这样的吗？

最近重读《陶行知全集》，读到他在给一位友人的信中有这样的话：“您说‘小孩子根本不会有错误’，倘若您的意思只是企图导出一种结论，认为孩子们的错误，根本上是由于环境造成的，那倒没有什么不对。但是，倘若您要据此作为训导儿童的一个重要的指导原则，那就有问题了。儿童不但有错误，而且常常有着许多错误。由于儿童年龄上的限制，缺乏经验，因而本身便包含着错误的可能性，这是一；环境不良，养成了许多错误的习惯，从这些错误出发，必然再造错误，这是二。因此教育的任务除了积极发扬每个儿童固有的优点而外，正是要根据事实，肯定他们的错误，从而改正他们的错误。”

说得真是太好了！虽然陶行知说的不过是常识，但这话由这位伟大的人民教育家说出来，意义就不一样了。大家都知道，“爱满天下”的陶行知对孩子的爱是难以形容的，为了千千万万孩子的教育，他“捧着一颗心来，不带半根草去”。可他依然没有被“爱”冲昏头脑，无视小孩子的错误，而且明确地说：儿童不但有错误，而且常常有着许多错误。

陶行知不但正视小孩子会犯错误的事实，而且指出了小孩子犯错误的原因，“根本上是由于环境造成的”。

我理解，陶行知提醒的“儿童年龄上的限制，缺乏经验”，正是他理解儿童心理特点的体现，这里面就包含着宽容和包容，但宽容和包容不等于纵容。陶行知这里的“环境不良”的“环境”，显然不仅仅是指自然环境，更多的是指人文环境——家庭环境和社会环境，包括孩子的人际交往，乃至如苏霍姆林斯基所说的“街头结交”。当然，这些“环境”最终都是以“人”的形态出现的。比如，家庭环境除了家庭的布置和家庭的氛围，更指家庭成员，尤其是父母的言谈举止。

当年苏霍姆林斯基也针对一些人说“没有不好的学生，只有不好的教师”（看，这句话成了流行全球的“名言”了）时，特别说：“难教的儿童总会是有的，无论如何也不能摆脱他们。”他说的“难教的儿童”就是我们说的“差生”。

在对难教的儿童的成因进行大量的调查研究后，苏霍姆林斯基发现，除了孩子自身的年龄和其他因素外，环境也是重要原因。他认为，童年时代缺乏真正的人的环境，这是一些孩子成为难教的儿童的主要原因。这里，他主要是指家庭教育的缺失或不完整。在《家长教育学》一书中，他直截了当地写道：“教育工作多年的实践以及对儿童智力劳动和五光十色的精神生活的研究，使我弄明白了，儿童之所以成为难管教的、不及格的、落后的，最重要的原因是孩子所受教育和孩子早期童年的周围环境条件所引起的。这也就是说小孩子在一至七八岁时，思维物质没有得到为发育所需的极为重要的某种东西。”

无论是陶行知，还是苏霍姆林斯基，两位杰出的教育家都没有否认我们今天所说的“差生”的存在，他们对我们最可贵的指导，就是正视“差生”的存在，继而分析存在的原因，并研究在实践中如何转化这些“差生”。

应该铭记陶行知的教诲：“教育的任务除了积极发扬每个儿童固有的优点而外，正是要根据事实，肯定他们的错误，从而改正他们的错误。”

不承认“差生”存在的教师，也许有真诚的爱心；承认“差生”并研究和转化“差生”的教师，不但同样有真诚的爱心，而且还有丰富的智慧。

其实，詹大年和丑小鸭中学的教师都是既有爱心也有智慧的，不然为何能创造教育的奇迹！只是如果把话说绝对了，容易误导许多教师和家长。

大年兄以为然否？

2021 年 11 月 13 日

如何看待自由与规则的边界

——与詹大年校长商榷

我依然认为詹大年是一个伟大的校长。伟大在于，他能够招收其他学校都不要的学生，并让其中大多数孩子回归生命的正常轨道。虽然，他没做到百分之百的成功，但这才是真实的教育。如果谁声称其教育“百分之百的成功”，我就有理由怀疑他在吹牛。

但这不等于我同意詹大年的所有看法。最近在“镇西茶馆”上转发了大年的《这样的“学校制度”，会让孩子战战兢兢》，用意是想让大家就这个问题展开讨论。果然，评论区充溢着不同的声音。

应该说明的是，尽管大年不断呼吁给孩子更多的充满人性的理解与关怀，给他们更多的自由与舒展，但他绝对不是反对学校制度，更不是希望孩子现在无拘无束，将来无法无天。

那么，学校需不需要给学生作一些强制性的规定？

正是在这一不需要讨论的问题上，我感到和詹大年校长存在一定的分歧。

比如，詹大年质问道——

> 为什么就不能“在教室或走廊跑跳打闹喊叫”？为什么把行政办公区设定为“学校禁止场所”？“跑跳打闹喊叫”是孩子的天性，也是孩子的存在。学校走廊的功能和医院、养老院的走廊功能是不一样的。学校，就是孩子

们跑跳打闹喊叫的地方。行政办公区如果不面向学生，领导们又如何读懂孩子的生命需求？学校决策的依据又来自哪里？

"不服从教育、顶撞老师"和"不按值周教师要求做"都要受到处罚，这就设定了"教育永远是对的""老师永远是对的"。"教育""教师"都是不允许学生去质疑的。强迫学生无条件服从，只会培养流氓或奴才。

…………

我也写过《凭什么不让孩子在校园"高声喧哗""追逐打闹"？》，文中提到：正值活蹦乱跳的年龄，孩子们"高声喧哗""追逐打闹"不是很正常吗？

但我在文中也写道：我们的班规有一条硬性规定："不得在教学区里打闹，不得带着器械打闹"。而且我还建议其他规定不许学生高声喧哗和追逐打闹的学校"给规定加个状语，改为：'上课和集会时不得高声喧哗，教学区内不得追逐打闹。'"

为什么？这不只是考虑孩子在"追逐打闹"时的安全，还要考虑他们在"高声喧哗"时对他人的妨碍。

马克思说："自由就是从事一切对别人没有害处的活动的权利。每个人所能进行的对别人没有害处的活动的界限是由法律规定的，正像地界是由界标确定的一样。"

法国启蒙思想家孟德斯鸠也说过："自由是做法律所许可的一切事情的权利，如果一个公民能够做法律所禁止的事情，他就不再有自由了，因为其他的人也同样有这个权利。"

自由的边界，是不妨碍他人。否则，你将失去自由。

在教室或走廊"跑跳打闹"，且不说安全与否，首先就妨碍了他人，因为教室是学习的地方，哪怕是课间十分钟，也要考虑到总有同学会休息。走廊也是如此。

至于学校行政办公区，是教师办公的地方，当然需要相对安静的环境，无论校长还是教师，能够安安静静地办公，最终也是为了学生的成长。为什么一定要“面向学生”呢？所谓校长和教师应“面向学生”，并非一定要让孩子在校长和教师的行政办公区“大吵大闹”。所谓“读懂孩子的生命需求”，所谓“学校决策的依据”，都不是来自孩子在学校行政办公区的喧嚣打闹，而是来自校长和教师主动和学生聊天、踢球、跳绳、野炊、放风筝、吃烧烤……

我们经常说，有的成年人在公共场合很不注意别人的感受，比如，在电影院一边看电影一边说话，在博物馆肆无忌惮地说笑……为什么会这样？因为他们从小就没有受过真正的自由教育，他们不懂，自由的前提是尊重他人。

而尊重他人，就要有规则——小到学校的纪律，大到国家的法律。

至于“不服从教育、顶撞老师”和“不按值周教师要求做”，我觉得也不能那么绝对而孤立地看。从总体上说，教师作为专业的教育者，对作为未成年人的孩子实施教育，是其职责所在，包括值周教师的行为，也是一种履职。教师当然不可能“永远是对的”，但也不能假设“老师永远是不对的”。对与不对，应该看具体情况。教师肯定会有教育失误，比如，错误地批评学生，或者说执行了某些不合理的规定，但即使如此，这也不是学生“不服从教育、顶撞老师”的理由。

如果真的遇到了“不合理”的教育，包括值周教师执行了“不合理”的制度，学生也只能是在尊重教师的前提下有礼、有理地提出自己的看法，或者事后向学校反映自己的意见和建议。特别是，即使教师依据的条例和“规定”确实违反教育特点，且损害学生尊严和利益，学生也不能顶撞教师，而应该通过正常渠道和程序修改相关规定。

正如孩子的尊严需要保护，教师的尊严也需要维护。

当然，孩子毕竟是孩子，尤其是青春期的学生，有时候面对不当的教育——或者说教育本身并非不当而他却认为“不当”，表现出激烈的顶撞，作为成年人的教师，应该尽可能宽容。但这并不意味着学生可以“不服从教育、顶撞老师”。这是两码事。

从某种意义上说，不许学生顶撞教师和不许教师打骂学生，是一种逻辑的对等和权利的平等。

不许学生顶撞教师和不许学生质疑教师，同样不是一码事。既尊重教师，又不盲目相信教师，所谓“吾爱吾师，吾更爱真理”，这一点儿都不矛盾。

按大年的逻辑，学生应该只接受“正确的教育”而反对“无条件服从”。那么请问，谁来界定教育的正确与否？学生说了算吗？主张学生应该“有条件服从”，这个“条件”又是什么？谁来认定？

这么一说，等于就是取消了学校教育。

认为要学生遵守规则、服从教育、不顶撞教师，“只会培养流氓或奴才”。这是不是有点过分呢？当然，这也许是大年的激愤之辞。有时候我也会这样情绪化表达，以后我也会注意。

我对大年的某些“偏激”也能体谅。针对许多学校对学生强制有余而灵活不足、束缚有余而自由不足、轻视有余而尊重不足、严格有余而宽松不足等现状，他强调呵护孩子的天性，是有意义的。有时为了增强抨击的力度，把话说得绝对一些，“语不惊人死不休”，也可以理解。

只是当我们写成文章时，就应该尽可能严谨，不要只图酣畅淋漓而一吐为快。那样，往往会妨碍我们思维的严谨性，也会影响我们表达的准确性。当然，这话也是写给我自己的。

教育的智慧，关键就是处理好尊重与引领的关系。

不尊重学生就谈不上教育，而放弃了引领的责任就等于放弃了教育。

不因尊重而放任自流，不因引领而走向专制。

这就是 40 年教育经历让我悟出的真谛。

2022 年 9 月 9 日

让教师站到马路上当“文明劝导员”恰恰是最大的不文明

那天早晨天气很好，我起了个大早，背着相机出发了，准备去公园拍还带着露珠的荷花。

经过一个十字路口时，邂逅了一个多年未见的朋友文鸣。他曾经是我的同事，后来我调到另外一所学校，就再也没见到他了。

后来我退休了，就更难见到他了。没想到这次在大街上的十字路口和他偶遇了。

当时，我正要过斑马线，结果对面红灯亮了，我赶紧止步，可一个小伙子却继续往前走而被人拦住了，那人劝他要遵守交通规则。

我听劝他的人说：“你一个人违反了交通规则不要紧，却可能影响我们城市的文明形象，这个是大事。你要有全局观念，大局意识……”

不就是劝人不要闯红灯吗？为什么要摆出如此高的“政治站位”？于是，我忍不住歪过头看他，一看，嘿，这不是文鸣吗？ 10 多年不见，小伙子变成中年人了。

当他也认出我时，激动地把手伸过来抓住我的手，也不顾旁边那个违规的小伙子了。刚好绿灯也亮了，小伙子赶紧朝马路对面走去，摆脱了他的“劝导”。

我万万没有想到，当年学校的教改积极分子，如今“改行”

成了一名“协警”，他头戴小红帽，手挥小红旗，颇有几分威风凛凛。

我问他：“怎么不当老师了？是犯了错误被……”我不忍心说出“开除”二字。

他说：“没有呀，我现在是学校教科室副主任呢！”

“那现在正是上课时间，你不在教室站着，怎么跑到这里来站马路？”

他扬了扬瘦瘦的胳膊，胳膊上套着一个红袖箍，袖箍上几个黄字被他不停挥动的胳膊扭曲了，但我还能认出“文明劝导员”几个字。

自从退休后，我两耳不闻窗外事，几乎“不知有汉，无论魏晋”，现在看见文鸣在“文明劝导”，却不懂“文明劝导员”是个什么！

“这，这……什么意思？”我问。

他问：“什么‘什么意思’？”

我指着他的胳膊问道：“什么叫‘文明劝导员’？谁的‘文明’需要你文鸣去‘劝导’，还‘员’！这个‘劝导员’是属于哪个组织？大概什么级别？”

他乐了：“看来你退了休就不再关心教育的发展了。”

我说：“不对，我一直关注教育的发展。只是没有想到教育发展到让你来站马路。”

他向我解释道：“我市虽然评上文明城市好几年了，但依然有不少市民文明程度不高，比如，随地吐痰、不遵守交通规则之类的现象仍然存在。怎么办？领导便想了个办法，从学校抽调老师轮流来到大街上，劝导来来往往那些不文明的行人要讲文明。比如，你刚才看到了，我正在劝导一个闯红灯的年轻人……”

我忍不住打断他的话，说道：“这是上课时间，你到这里来劝导闯红灯的人，那你的学生怎么办？你还上不上课了？”

他被我问住了，结结巴巴地说：“这，这，难道……当然……不过……”“不过什么？”我问。

他说：“不过，现在还没有到八点半，我们是赶在学生上课之前来做劝导工作的。”

我追问道：“现在学生已经陆陆续续到校了呀！难道你们不上早自习吗？请问教师的职责是什么？不是教书育人吗？再请问教师的岗位在哪里？不是在课堂、在教室、在班级吗？你这样做，叫不叫失职？”

文鸣的脸顿时红成了猪肝色，而没有一点“文明”的颜色：“我一个普通教师哪敢不执行领导的命令！我们领导说，教师不但要教育学生，还要教育社会上的各种不文明的人，在更高层面上为精神文明做出贡献……”

“这是什么逻辑？”我忍不住说道。

他说：“我们还宣誓了的，‘我是光荣的人民教师，也是光荣的文明劝导员’……”

我不客气地说：“简直是乱弹琴！让堂堂人民教师离开课堂来到马路上当所谓的‘文明劝导员’，这是最大的不文明！”

他说：“你说得对，但我有什么办法呢？我们校长也很无奈，但他说这是任务，上面布置下来的，他压力也很大。而且，如果学校不派文明劝导员，就会影响我们的年终考核，校长会被追责，我们的绩效也会打折……”

“这么严重？”我很是吃惊。

“是呀！”他继续说，“校长也不容易啊！其实我们的校长非常善良、正直、敬业，但昨天，为安排巡河的事，他竟然在电话里向谁发起了脾气，朝着电话吼道：‘如果你不去巡河，那就我这个校长去吧！’”

我越听越糊涂：“巡河？巡什么河？”

他说：“就是派老师到河边去看，防止孩子溺水……”

我目瞪口呆道：“你们学校的学生都是孤儿吗？”

“不是啊！”

“那学生的父母在哪里？孩子回家后他们不管孩子吗？为什么连孩子放学后的事都要老师管呢？”

我正追问着，突然，文鸣对着我一脸谦恭的笑容，说道：“老领导，您，您来了……”

原来他是在对我身后的人说话，我转身一看，是一位已经退休的老局长。

老局长看到我，很爽快地说：“他们见我在家没事做，要我来当文明劝导员。咦，你也在呀！反正你也退休了，我俩一起做这个事儿吧？你不是背着相机吗？正好拍拍那些不文明的行为。文鸣，你走吧，快回去上课。”

文鸣不敢走，说“擅自离岗”回去校长会批评他。老局长说：“你就说是我让你回去的，再说这不已经快到八点半了吗？孩子们的课可不能耽误！”

文鸣高兴地走了。老局长朝四周看了看，表现出运筹帷幄的气度，说：“这样，我站这个路口，你到那边路口去，如果有什么情况，你对我说暗号。”

“暗号？暗号是？”我没明白他的意思，问道。

“我说：‘土豆土豆，我是地瓜！’你说：‘地瓜地瓜，我是土豆！’”

（故事虚构，现实真实，语言幽默，主题严肃。）

2022年7月23日

E

不揣冒昧

BUCHUAIMAOMEI

教育不仅仅是教书，更是育人。教师一味提倡竞争和成绩，会将负面情绪传给学生，导致学生情绪或精神出现问题，违背育人的初衷；会培养出精致利己、不择手段、阳奉阴违的小人，不利于“立德树人”。

请降低教师成长的门槛

看到一个朋友在博客上给我的留言——

> 请关注今年教育局、人社局评选市学科带头人的文件。学科带头人的评选资格之一居然是20年工龄！如果您当年也遇到这样的情况，会怎么样？为了年轻教师的发展，请您关注此事并为此发声。

其实，我已经关注这个问题很久了。一直有话要说，但不知对谁说。今天，我就在此说说吧！

不知从什么时候开始，各种评优选先有了许多“坎”，比如，几乎各类职称评定，都有“必须在国家级刊物上发表专业论文”之类的规定。注意，这是“专业论文”，那就得有“理论性”，得有高度和深度。有教师写作并发表的“教育随笔”“教育故事”和“教育案例”，无论多么真实生动，多么有血有肉，多么贴近校园和课堂，统统不算“专业论文”！许多教师本来其他方面都很优秀，可就是过不了这个“论文关”。

除了“论文关”，还有“年龄关”。比如，35 岁就是一道坎，好多有关青年教师的荣誉称号的评选条件，都规定候选人不得超过 35 岁，尽管按联合国教科文组织规定，“青年”的年龄上限应该是在 45 周岁。而 40 岁，这又是一道坎，参加校长助理考试的人就不得超过 40 岁，中层干部竞聘者也不得超过40岁。在一些地方，还有着成文或不成文的规定，对过了40岁的教师，评高级职称基本上就不再考虑……这种“年龄关”把多少渴望上进的教师拒之门外啊！

除了“年龄关”，还有“年限关”，即对教龄（工龄）的要求。也就是上面那个朋友说的，市学科带头人的参评者，必须要有20年以上的教龄。与此类似，参评市优秀青年教师，必须要有10年以上的教龄。同样，参评“教坛新秀”，必须要有3年以上教龄。我估计这个“年限关”最早源于职称评定，多少年的教龄才能评上中级职称，然后又必须积累多少年的教龄，才能参评高级职称，等等。

除了“年限关”，还有“台阶关”（这是我临时杜撰的一个词，是想说明这种现象）。在不少地方，要评上某一荣誉称号，必须有前一个台阶作为基础，比如，只有评上“教坛新秀”，并过了多少年后，才能参评“市优秀青年教师”；只有评上“市优秀青年教师”，并过了多少年后，才能参评“市学科带头人”；等等。又如，只有“县区学科带头人”，才能参评“市学科带头人”，继而才能参评“省学科带头人”，等等。这样一个个的台阶，是一个也不能跨级越过的，一般来说必须按部就班。

还有其他我不好命名的各种“关”。比如，要向上迈一个“台阶”，就必须担任班主任多少年，或者必须支教多少年，或者必须作为主研人员参与研究的课题获得过市级及以上教学成果一等奖，或者必须取得市以上课堂教学大赛一等奖，等等。

也不能说这些条件没有一点道理，只要评选或评定，总会有标准。单独地看，某道“坎”也许就是一种导向，比如，做班主任年限、支教经历，等等，就是为了通过制度来引导教师勇挑重担，不畏艰苦。又比如，关于论文和课题的规定，就是为了引导教师做研究型教师，而不仅仅做教书匠。

问题是，一旦这些条件绝对化，或者“一刀切”，问题就出来了。

比如，关于教育科研与论文写作的要求，现在在相当多的教师那里就已经变味。本来教育科研是“做”出来的，而不是“写”出来的。即使最后的课题报告或论文，也是科研实践瓜熟蒂落之自然结晶。然而，现在有许多论文是闭门造车硬写（甚至抄）出来的。为什么？因为评职称需要发表论文呀！于是，为职称而写作成了“教育科研”的全部内容。我认为，中小学教师结合自己的工作实践写出并发表教育论文，当然是一件很有意义的事，但这只能是提倡，而不能通过评职称时的“一票否决”来强制。即使要将论文与职称评定挂钩，也只能是“在同等条件下有论文者优先”。因为一旦强制，便极有可能弄虚作假，而这样的虚假论文现在实在是太多了：有的剽窃别人的论文拿去发表，有的请人代写然后投寄报刊，有的通过托关系“走后门”在报刊发表文章，有的干脆就花钱买“论文”——各种收取“版面费”的报刊或“论文选编辑部”便应运而生。

我觉得比“论文关”更不合理的是“年龄关”和“年限关”。是的，教师的教育技能水平、素质水平，等等，需要实践的积累，但这个积累的时间，却不可以“一刀切”。达到同样的高度，有人需要十年，有人可能八年、五年甚至三年就行，为什么一定要让所有人都熬十年呢？曹禺22岁写出《雷雨》，肖洛霍夫26岁写出《静静的顿河》，他们都创作出了在一般人看来和他们年龄不相称的杰作。胡适26岁就当上了北大教授，朱自清也是27岁就从春晖中学直接到清华大学任中文系教授。如果在今天，无论是胡适还是朱自清，要评教授，年龄和教龄这一关就过不了。现在，我们的教师申报“市优秀青年教师”必须有10年以上的教龄，申报“市学科带头人”必须有20年以上的教龄，我觉得实在不妥。这样极不利于人才的脱颖而出和快速成长。

说到年龄限制，还有一点不合理，就是如“40岁以下的教师才能报考校长助理”以及过了40岁有些职称和荣誉评定就不再考虑之类的规定——也可能是不成文的规定。我曾对一些有管理欲望的年轻人说，先沉到课堂潜心教学，40岁以后再当校长也不迟。可人家说：“过了40岁，就没我们什么事了！”最近我校有位年过40的教师，各方面素质非常不错，我很想推荐他担任中层干部，可对照有关文件，他早已超龄。还有一位女教师，也非常优秀，本来想申报省级骨干教师，可也是因为超过了文件规定的 40 岁，只能望而却步。

在所有关卡中，我觉得最不合理的是“台阶关”。一个教师，如果年轻时没评上“教坛新秀”，以后要向上迈进就基本上没戏了！他因此不可能评上“市优秀青年教师”，依次接下来的“市学科带头人”等，也不可能了。同样，如果没有获得县区级相关称号，想评市级、省级的荣誉也是做梦。

在上面种种看似合理实则荒唐的规定面前，“活到老，学到老”“终身学习”“艺无止境”……都是苍白的！如此层层加码还有什么劲啊！

我也不知道从什么时候起评优变得如此苛刻。相比之下，我倒是幸运的。我没评上过“教坛新秀”，当然，那时还没有这个称号，但“市优秀青年教师”“市学科带头人”等称号早就有了，但我也从来没评上过。在我评上特级教师之前，几乎什么荣誉都没有。同样，我是从班主任直接当校长的，在那之前，我连一天中层干部都没当过。任校长那年我已经 46 岁了！如果我年轻时候，也遇到这样“年限”那样“条件”，那我还不是走投无路了？

我特别想对有关部门说的是，能否把各种评优选先的门槛降低一些？我尤其希望能够放宽甚至取消年龄和教龄的限制。只要达到了师德和教艺的标准，无论 30 岁还是 50 岁，无论教龄 3 年还是 30 年，也照样可以评上相关职称或获得荣誉称号！

想想高考吧！连十二三岁的小孩都可以成为少年大学生，为什么 20 多岁的年轻教师就不可以申报“学科带头人”呢？连六七十岁的老人都可以跨进高考考场，为什么 40 多岁的教师就不可以报考校长助理或竞聘中层干部呢？

2016 年 2 月 29 日

学生体质健康指标不合格，应该一票否决！

——我提交的人大代表建议

毫无疑问，改革开放以来的40余年，中国的教育改革取得了举世瞩目的成就。但同样毫无疑问的是，为了取得这些成就，我们也付出了许多不应有的沉重代价，其中就包括学生体质健康水平的下降。

2019年12月12日，《南方周末》援引有关中小学生身体素质调查数据，以1985年调查结果为基准，如果将中国儿童和青少年身体质量指标值设定为0，那么，此后30多年里，仅1995年有所提高，达到1.2，此后开始降低，并在2005年降为-1.1，距离现在最近的2014年的数据也是负数，为-0.8。对比来看，从1995年到2014年，中国儿童和青少年身体素质情况下降了167%，且不及1985年的水平。

我曾在一次演讲中说："只要儿童睡眠不足，视力下降，体质羸弱，无论学校教育改革取得了怎样的成果，都毫无辉煌可言！因为儿童是教育的最高价值，教育最终目的都是指向人的发展与幸福。"

对于中小学校长和教师来说，教育"指挥棒"的作用威力无比。这是可以理解的。最近几十年，我们教育评价的重点是升学率，而最近几年越来越倾向于综合素质的评价，但对学生体质健康的评价，一直不是各类教育评价的重点。

我最近研究了一些教育行政部门对中小学综合教育督导评价的标准和细则，发现学生体质健康的分数权重都很低。在一份教育督导评价细则中，125分的满分，学生体质健康的加分仅仅占5～8分。另一份教育评价督导细则中，学生体质健康的加分也只有10分。如此评价的“指挥棒”，在引导学校重视学生体质健康方面，显然是缺乏力度的。

我国教育方针的最新表述是：坚持教育为社会主义现代化建设服务、为人民服务，把立德树人作为教育的根本任务，全面实施素质教育，培养德智体美劳全面发展的社会主义建设者和接班人，努力办好让人民满意的教育。

既然是“德智体美劳全面发展”，那么，在评价一个学校的教育质量时，“体”至少应该占评价总分的五分之一吧！其实，在我看来，“体”至少应该占三分之一或更多。因为没有健康的体质，所谓“德智美劳”都失去了载体，也没有了任何意义。

因此，我建议，在现有中小学教育质量综合评价体系中，加大学生体质健康评价的权重，将学生的体重、身高、视力等都纳入对一个学校的质量评价中，不但在评价操作的技术层面增加有关体质健康评价的分数，而且在宏观考核上实行一票否决，即只要学生的睡眠时间、视力水平、体质状况不理想（当然，所谓“理想”与否应有一个科学标准），或学生的健康水平在逐年下降（这也应有一个科学权威的标准），那么就取消学校的各类评优晋级的资格。

我坚信，一旦加大学生体质健康状况的评价力度，学校会更加关注人的全面发展，我们的孩子会多一些睡眠时间，少一些近视眼；多一些“野性”，少一些文弱。学校也能为社会多输送一些身心健康的公民，少输送一些身体孱弱、心理抑郁的“患者”。

这只是一个初步建议。如果要将这建议变成现实，还有大量的工作要做，需要在操作层面进一步做研究论证。但无论如何，我希望这项工作能够得到政府部门的高度重视。

因为孩子只有一个少年时代，耽误不起啊！

2020年1月13日

建议全国统一试卷，招生统一划线！

媒体报道，最近教育部出台文件宣布，从2020年开始，已经持续了17年的大学自主招生不再继续，而由“强基计划”取代。

当初，“自主招生”的用意是让大学有更多的招生自主权，从而更好地选拔优秀学生，特别是有个性和创造性的学生。毫无疑问，这个初衷是没有错的。

但同样毫无疑问的是，好的初衷在实行过程中却在客观上妨碍了高考的公平原则，因而一直受人诟病。

请看一组数据。这是中国两所著名大学在2017年时录取学生的方式，以及对应的学生数量——

A大学：	B大学：
保送生：169	保送生：223
艺术特长生：55	艺术特长生：60
体育特长生：48	体育特长生：67
自主招生：686	自主招生：689
领军计划：1486	博雅计划：1236
自强计划：176	筑梦计划：489
总计：2620	总计：2764

2017年，两校共计录取6800人左右，而通过“自主招生”被录取的就有将近5000名学生。注意，这近5000人是不用

比拼高考成绩的。由此计算，这两大名校只有1800个左右（不到27%）的名额，是留给那些参加统一高考的裸分考生的！

“自主招生”与“传统招生”（统一考试，按分录取）之间的招生人数如此悬殊，这对其他非“自主招生”的考生，尤其是贫寒子弟公平吗？

因此，教育部叫停大学“自主招生”，是让公平重返高考。这实在是一件大快人心的事！

但教育部并没有放弃当初决定实施“自主招生”时的良好初衷——多元评价、不拘一格选人才、因材施教，所以推出了“强基计划”。按照教育部公布的“强基计划”招生流程，在各地高考招生中，将增设一个综合素质评价录取批次，由高校自主确定投档比例（1.5:1或2:1），由试点高校根据学生高考成绩、校测成绩按一定比例进行录取。根据教育部的规定，高考成绩占比不低于85%。

也就是说，所有考生都必须参加高考，在保证高考成绩占比不低于85%的前提下，再体现高校的招生自主权。

应该说，从操作上看，“强基计划”比以前的“自主招生”更显公平。

其实，从道理上讲，仅仅凭一张试卷，“一考定终身”，对许多考生来说，恰恰既不科学，也不公平。因此，取消统一高考而采用综合素质评价的方式录取考生，比单纯看冷冰冰的高考分数更科学、更公平，也更符合每一个学生的个性。这样做，既有利于促进中小学的素质教育，让孩子全面发展，也有利于一些有特殊才能的学生进入高校，享受真正的“因材施教”。

但这一切必须有一个前提：诚信。

是的，诚信！

没有社会的诚信，没有学校的诚信，没有教师的诚信，没有考生的诚信，再好的想法，都可能走向反面。

我想到2000年在德国柏林洪堡大学的一段经历。柏林洪堡大学是德国一所很有名的大学。该校建于1810年，黑格尔、马克思、爱因斯坦等巨擘都曾在这里就读。

当时我问该校一位教授："中国学生怎样才能考进柏林洪堡大学？"

他回答说："不需要专门考试。凡要到洪堡大学就读的外国学生，应在自己国家取得中学文凭，并考上本国大学，读完两年大学后，凭中学和大学的优异成绩提出到柏林洪堡大学留学的申请。"

我问道："如果这个成绩有假呢？"

我至今记得那位白发苍苍的教授脸上惊诧的表情，他问："为什么会有假呢？中学和大学的成绩，都是由学生本人的学校及老师出具的，会有假吗？"

我没有继续问了，因为继续问下去，就有可能"损害国家形象"。

离开柏林洪堡大学后，我和我们那一行的中国教育者都在议论，说这样的大学申请制度在中国根本行不通，因为中国作假太厉害了。

可怕的不是这种现象的存在，而是不少人认为这种现象是正常的。

在这样的背景下，国内大学招生还得看分数，还必须有统一的高考；否则，没有了统一的高考，都由着各学校搞"综合素质评价"来录取考生，结果不堪设想……不对，其实是可以设想的——教育必然乱套，中国必然乱套！

写到这里本想结束了，突然又想到，其实，高考录取长期以来还存在一个最大的不公平，就是同一张试卷，不同地区却是不同的录取分数线。同样是上名牌大学，有时候不同地区之间的录取分数竟然相差两百多分！后来"改革"了，北京、上海等地用单独的高考试卷，这样似乎就不好比高考分数了。

我建议：全国高考统一试卷，除确需政策倾斜的老少边穷地区外，全国其他地区一律统一划录取分数线！

这样做当然也有弊端，但凡事都有利有弊，"两害相权取其轻"，只要能够做到利大于弊，相对公平，就很不错了。

至少，第一，高考相对公平，每一个考生都可以凭自己的努力通过考试上大学；第二，全国考生都在同一张试卷、同一个分数线上比拼。

包括“强基计划”的那 85% 的分数，都应该是全国统一试卷统一划线的分数。

这才是真正的相对公平。

2020 年 1 月 19 日

转化“后进生”更需要科学的评价机制

前几天，我发表的有关转化“后进生”的文章，引起了许多朋友的共鸣和热议。转化“后进生”是教育永恒的难题，因此这个话题也有着不朽的生命力。

有教师还是不赞成用“后进生”这称谓，但我依然认为这个称谓没有错。客观存在的现实应该正视，不承认“后进生”是一种鸵鸟心态。“后进生”并不会因为你不这样称呼，就不存在。就算你把他们称作“天使生”，他们实质上依然是让教育者感到头痛不已的“后进生”。大家公认的富有爱心的教育家苏霍姆林斯基谈到这类学生，有时候用“难教的儿童”这个称谓，有时候则直接说“后进生”。《苏霍姆林斯基选集》第五卷里的一篇文章，题目正是《班里的后进生》。他这样写道：

> 每一年入学的新生中都有一批这种后进生。
>
> 老师对他们可谓苦口婆心，有时还要反复叮咛，但即使如此教师讲十句，他们顶多记住三四句。在普通学校里教这样的学生简直困难极了：他们通常在勉强地学会读写之后就难以再有什么长进了，他们备感自己无能为力，终于成了“后进”。

大家是不是觉得这样的学生很熟悉？1970 年，苏霍姆林斯基在离世那年写下的这些文字，简直就像是为今天我们的班上的一些学生而写一样。

在这篇文章中，苏霍姆林斯基甚至直接说这样的学生是“弱智”！他写道——

> 35年以来，我共教过107名能力较差的学生，我不但可以这样称呼，甚至还可以称呼他们弱智(“弱智”，难道这不正中学习不好的要害吗？)。

看看，看看！伟大而不朽的苏霍姆林斯基并没有因为“爱”而回避这样的学生，或者把他们自欺欺人、掩耳盗铃地称作“待优生”之类，而是正视他们。更重要的是，苏霍姆林斯基研究他们，转化他们，让他们在自己原有的基础上尽可能提升。

是的，接下来苏霍姆林斯基详细写了自己对他们的研究——从遗传学、心理学、营养学，从他们的日常生活、身体发育、家庭教育等各方面研究他们后进的原因，并从精神生活、家庭成员关系、健康情感、阅读、思维课、手工制作等方面采取了种种科学有效的措施对他们进行转化和提升，其间的艰难可想而知。但最后的结果是——

> 我校接收的107名智力很落后的学生，后来他们全都成为真正的有知识的人，其中55名为十年制毕业生，25名上完七或八年级后考入技术学校，完成了中等专业教育，17名在中等职业技术学校或夜校毕业，8名获得了专修班的专业文凭。他们中只有2人因患严重疾病中途休学，几年后又重新修完八年级课程。在这107人中有13人后来接受了高等教育。

最后，苏霍姆林斯基欣慰而严肃地写道——

> 人脑是自然界中一个伟大的奇迹，这一奇迹的形成全然离不开教育的影响。脑力劳动是一种长期、单调而又极其复杂和艰苦的劳动，它播下的种子数年之后才能萌芽。

读到这里，自然想到今天中国的教育，我真有些欲哭无泪：现在有多少教育者会因为“数年之后才能萌芽”而去从事这一“长期、单调而又极其复杂和艰苦的劳动”？

当下，转化“后进生”最大的障碍之一，是一些教师不愿意通过“长期、单调而又极其复杂和艰苦的劳动”去研究学生，而是迫不及待地到处找“锦囊妙计”。转化“后进生”当然需要技巧，但前提还是爱；正如离开了技巧空谈“爱”没有意义一样，离开了爱专门去捕捉“技巧”也没用的。这里的“爱”不仅仅是对孩子的爱，还有对教育科研本身的兴趣——过去我们对这点强调不够，所以我认为今天提出这一点是有必要的。一些教师只是被动地应对、整治“后进生”，必然心急火燎地找一招制胜的秘诀，可哪里有呢？只有怀着对教育科研本身真挚的爱，才能主动而从容地去研究、积累转化“后进生”的技巧和智慧。再往深处说，这又涉及一个最根本的前提：从事教育是自己本身的志愿呢，还是不得已当了老师？我是为谁而工作？不解决这个“职业认同”的问题，再多的“技巧”都不管用！

其实，每个“后进生”都应该成为科研对象，研究他们并取得成果，会获得一种类似医生攻克疑难杂症后的成就感、一种登山运动员又征服了一座高山的幸福感。这里的研究，不只是研究方法，更重要的是要研究“后进生”本身：他的生活经历，他的学习经历，他的家庭环境，他的性格特点，他的心理状态，他的智力发育，他的身体状况，他的社交情况，他的兴趣爱好……对热爱教育研究的人来说，这一切都充满“诱惑”。想想，每一个儿童都是一个完整的世界，在这个世界里“探秘”的教师，不会感到很有意义而且幸福吗？就算是这个“后进生”最后没有达到教师的预期，但研究本身是有价值的。许多教师就是因为研究孩子，而成为卓越的教育者。所以我说，一个教师的重要标志就是爱孩子、爱教育、爱研究。

可是，我们有的教师根本静不下心来对“后进生”进行琢磨、揣摩、体察、分析、倾听……那天，我将《我是这样转化“后进生”的》（上）推出后，因为我大段大段地分析“后进生”，反复说要了解并理解“后进生”，有朋友就不耐烦了，觉得“李老师绕得厉害”，说“希望您能在具体做法上或行为指引上直接阐述清楚我们该怎么样去做，简洁明了，卓有成效，而不是绕东绕西，只一味说大道理，让人看不明白”。我非常理解这个朋友那种急切想“解决问题”的焦灼心情，但恕我直言，如此浮躁而功利的心态，就是给你方法你也不会成功。所以，做任何事情，从容不迫、平心静气的心态最重要，对“后进生”的研究尤其如此。

就算是再多的名师写出再多的转化“后进生”的技巧，也不可能复制到其他“后进生”的转化工作中。我多次说过，教育的真理性就体现在“唯一性”上，人们常说“一把钥匙开一把锁”，教育绝无“万能钥匙”。这是最基本的常识。用苏霍姆林斯基的话来说，教育这个过程中的现象具有深刻的个性特点：某一教育真理，用在这种情况下是正确的，而用在另一种情况下就可能不起作用，用在第三种情况下甚至会是荒谬的。可总有人希望“一把钥匙开一万把锁”。有的教师总是希望从别人的教育论著中找到“拿来就用”“立竿见影”的绝招，觉得这样的“教育论述”才是所谓的“接地气”，否则就是“空谈”，就是“尽整些没用的”，就是“站着说话不腰疼”。但是，现实的严酷必然让这些教师绝望：因为从来就没有完全符合具体的学生的实际情况的妙招！所以，说到底还是那句老话：学习别人的先进经验，主要还是学情怀、学精神、学理念、学原则。

需要特别说明的是，学精神也好，学方法也好，教育绝不是万能的，我从不认为所有“后进生”都能够被我们转化——实际上，在我的教育生涯中，没有按我的预期发展的“后进生”并不是没有，甚至个别人最终还是走上了歧路。但同时我也要说，作为有责任心的教育者，并不能因此而放松或放弃自己的责任，做一点儿算一点儿，挽救一个算一个，因为教育不是没有作为的。

当然，转化“后进生”仅仅靠教师的情怀、精神、理念、原则和方法、技巧、艺术还不够，还需要学校乃至整个社会的科学评价机制。其实，相当多的教师对“后进生”有着真诚的爱，并愿意“只管耕耘，不问收获”地付出辛劳。但现在一些学校对教师的评价仍是不管学生基础如何，只看分数和升学率，那教“后进生”的教师肯定得不到应有的认可。这不是让善良的教师吃亏吗？偶尔如此，教师忍忍也就算了，可如果长期如此，谁愿意带“后进生”？从某种意义上说，歧视“后进生”的种种做法，不只是教师的个人素质使然，也是制度“逼”出来的。所以，有效地转化“后进生”，需要改进评价制度，喊了多年的“多元评价”应该落到实处。经过教师的努力，只要学生在原有的基础上人格提升了，学习进步了，就算没考上重点高中或大学，这种教育也是成功的，这样的教师也应该获得奖励，同样应该被评为“名师”“优师”。

说到“名师”“优师”，我想到现在不少（注意，我说的是“不少”而不是“个别”。当然，也不是“大多数”，更不是“所有”）教师是靠长期教最优秀的生源组成的“实验班”“重点班”而成为“名师”“优师”的。这显然不正常。不教“后进生”，你“名”在何处？“优”在何方？我甚至认为，一个学校应该让最优秀的教师去教最差的学生，这才是“好钢用在刀刃上”。当然，这是我以后要写的一篇文章的内容了。

2017 年 11 月 9 日

减负从名校开始，可以吗？

“减负”是个老话题，也是一个沉重的话题。

请别对我说“学习不可能一点负担都没有”“不同的学生情况不一样，不好‘一刀切’地说减负”这些话。这些“抽象的真理”我都明白。

之所以重提这个沉重的话题，是前几天听到一个朋友叫苦：“现在的孩子真的可怜啊！我儿子刚读一年级，昨晚作业做到 11 点。唉，这才开始啊！”

是的，这才开始，这孩子离高考还有 11 年呢！

我问他儿子在哪所学校就读。他一说出校名，我就吃了一惊：这是成都市最著名的小学之一，许多市民挤破脑袋地想把孩子往这个学校送呢！

我问朋友：“天天如此吗？”

他说：“倒也不是。作业做到 11 点的时候不多，多数时候都是九十点的样子。”

这也很可怕了啊，毕竟是一年级的小朋友！我记得国家规定小学一年级是不许留书面家庭作业的。

我今天不想说关于“减负”的“沉重现实”和“重大意义”，因为我以前写过太多这样的文章。听了朋友的话，我只想问问某些名校的校长——

您在进行种种课程开发、教学改革、教育创新的时候，是否把减轻学生过重的课业负担放在了首位？您在总结宣传学校教育改革辉煌成就的时候，是否因为本校孩子晚上作业太多而有些底气不足？您在面对上级进行年度述职的时候，是否把孩子的视力正常、睡眠充足、体质健康也作为自我考核的重要标准？

我也想问问某些名校的老师——

您在做演讲或写文章时所说的“爱心育人”“寓教于乐”“因材施教”“尊重个性”等素质教育的理念，落实到您的每一堂课了吗？您津津乐道的出色的教学成绩，是不是以孩子沉重的作业量为代价换来的？如果您是您班上的学生，您每天是否能够完成每科老师布置的作业？

我还想问问某些学生家长——

您是真心希望孩子作业适当、全面发展吗？如果学校老师布置的作业不多，您会不会乘虚而入，以各种方式给孩子增加负担呢？如果学校老师给您孩子减少了作业，您是否会投诉老师“不负责任”呢？

我更想问问教育行政部门领导——

…………

我当然知道，对不同的孩子来说，所谓“负担”并不是一个标准。同样的作业量，有的孩子觉得合适，有的孩子觉得轻了，有的孩子觉得重了。另外，不同地区和城乡之间也有差别。但我讲的当然是总体而言。恰恰从“总体”上看，中国孩子的负担重，这是已经多次被权威部门的调查数据证明了的事实。

千万不要对我说“高考不改，说什么都没用”之类的理由，也不要给我找“中国人口多，没法子”之类的借口。我只想问：难道中华民族的崛起，只能靠牺牲一代又一代的孩子的童年、健康和生命吗？看着许多国家快乐的中小学生，我就悲从心头起：难道中国孩子的命就这么苦，不配享受应有的快乐吗？

负担过重，当然远不止是名校学生，这是一个普遍现象。我今天之所以首先拿名校是问，是因为名校的生源相对较好，更有条件减负。而且名校特别爱在各种大型论坛上就本校的教育改革和教育创新“发出自己的声音”，我就想让它们先说说本校的减负情况。

更重要的是，虽然各地区和各学校可能情况有所不同，但名校孩子的课业负担普遍重于非名校的孩子，这是一个规律。我早就调侃过，所谓“重点小学”“重点中学”，顾名思义，就是这些学校孩子的课业负担比一般学校“重点”。

当然，几乎所有名校的校长和教师都会说：“我们学校孩子的作业量不大！”但这个问题的标准答案不应该在校长和教师那里，而应该在每一个学生那里。

减负真的有那么难吗？过去，我们能够打赢辽沈、淮海、平津三大战役，能够推翻帝国主义、封建主义、官僚资本主义三座大山，现在，却居然不能攻克“减负”这个难关，这不太匪夷所思了吗？“减负”喊了30多年，孩子的负担却越来越重，岂非咄咄怪事？

如果说其他学校减负有困难，那么作为各级各类“示范学校”的名校，是否可以“示范”一下如何“减负”呢？

因此，我郑重建议：“减负”从名校开始！以后各级教育行政部门的相关督导、检查、验收，一律先去名校，而名校在这方面应该有“向我看齐”的示范与担当。

第一天去小学报名的孩子是那么欢欣雀跃，没想到他们一进学校就被作业压得喘不过气来。可怜的孩子，想起来就心疼。不写了，写不下去了……

2020年6月19日

警惕“名师工作室”的行政化和烦琐化

一

应该说，“名师工作室”对促进年轻教师的专业成长是极具重要意义的。

在我看来，“名师工作室”最大的意义首先还不是“名师引领”，而是“同伴互助”。一群富有教育理想主义情怀的年轻人，通过“名师工作室”聚在一起，情怀互相感染，思想互相碰撞，智慧共同享用，灵魂彼此照亮……再加上有一位共同敬仰的导师灯塔般地引领，这样的“学习共同体”显然比一个人的孤军奋战、上下求索更有利于人的成长。

虽然我说过——至今我也坚持我的这个观点：任何名师都不是别人“打造”的，而是“自己培养自己”，但是，这个“自己培养自己”的途径，就包括主动追随大师思想，主动学习同行经验，主动吸收各家养料，主动超越自身不足……

回想我的年轻时代，那时没有“名师工作室”一说，也没有“师徒结对”的做法，但我一方面通过书籍了解大师，通过书信结识名家；另一方面，我利用教工团支部书记的身份，在自己周围聚集了一批志同道合的年轻同行，我们常常一起切磋碰撞，互相激励。到现在我和这些同行还有来往，常一起纵论天下。进入 20 世纪 90 年代，在我 30 多岁的时候，成都市教育局举办了当时称作“首届”（但其实是唯一的一届）的“青年教师研修班”，我有幸被吸纳其中。正是在这个研修班中，我和成都市一批优秀的年轻教师获得了加速度的成长。

所以说，“自己培养自己”千真万确。但如果在“培养自己”的过程中，有几位高人指点，有一批同行携手，有一个平台激励，那成长的道路会顺畅得多。而“名师工作室”正是为这样有志也有智的年轻教师提供的。

而且，教育行政部门以这种方式激励年轻人成长，令人鼓舞，尤其是还为“名师工作室”提供物质保证，包括经费支持，这更是值得点赞的。无论如何，把钱用于培养年轻教师，是一件大好事。

何况，全国各地通过“名师工作室”茁壮成长起来的年轻教师也很多。“名师工作室”的积极作用和成果，无法否认。

二

但我同样认为，“名师工作室”的成果还可以更丰硕、更辉煌——如果我们去掉“名师工作室”管理上的行政化与烦琐化。

对此，我今天就直说了吧，要警惕某些地区“名师工作室”的行政化与烦琐化！

既然“名师工作室”建立的初衷，是促进年轻教师尽快成长，鼓励教育人才脱颖而出，那么就应该遵循人才成长的规律，尊重包括名师（导师）在内的“名师工作室”每一个成员的主体性。否则，就会事与愿违。

所谓“行政化”，就是通过行政手段进行管理，具有行政特征。“名师工作室”是一个由专家领衔的学术机构，而学术活动的特点就是“自由”。当然，在当今语境下，我不得不做点似乎是多余的说明：这里的“自由”仅就学术研讨和观点切磋而言，不涉及意识形态和政治态度。作为社会主义国家的教师，在根本的价值观上是与党和国家的发展方向一致的，这是不言而喻的。但是，在政治立场上和党中央保持一致，并不意味着教育行政部门要把“名师工作室”

当作行政单位来管理，当作教育局的一个科室来要求，这就是我说的需要警惕的“行政化”。

有些地方对“名师工作室”的行政化管理体现在，以“管理条例”或“考核标准”为依托，对“名师工作室”提出不少强制要求：如每年必须提交工作计划、培养目标、三年或五年发展规划。还必须要有一定级别的科研课题，并有一定的成果显现，有定期验收，包括阶段性考核，学期末或年终都要有规范的总结。还要求在某一时间段（比如一年、三年或五年）内，工作室成员必须发表多少论文，出版多少专著，夺得多少赛课奖项，获得多少荣誉称号……

所谓“烦琐化”，就是以“规范管理”“痕迹管理”“精细化管理”为名，对“名师工作室”的日常运行提出许多琐碎的、精确的，甚至是形式主义的要求。比如，规定工作室“每月活动”的主题（或是科研课题，或是阅读交流，或是专题研讨）。比如，要求工作室必须建立网站或公众号，定期更新内容；比如规定工作室成员每日必须读多少书、写多少文章、听多少课、上多少公开课（研究课、观摩课、示范课）。比如，给每一个工作室成员建立“发展档案”：计划、总结、教案、听课笔记、读书笔记、公开课教案及 PPT……而这一切除了文字档案，还要有图片和视频。每学期和每年度还有烦琐的量化考核，其中包含细化的考核项目以及相应的加减分，有的甚至精确到小数点后两位。

这样一来，“名师工作室”所应有的自主而自由的运行完全得不到保障，反而受到干扰。工作室的重点不得不放在“过程性”的“资料积累”，以及各种“痕迹”的留存保管上，很多时候还是“后补”的。为了完成考核表上的各项规定，“名师工作室”的成员往往忙于写相关文章，填相关表格，补相关材料，拍相关照片，录相关视频……

我对要求“名师工作室”必须在一定时间内“出成果”尤其反感，也旗帜鲜明地反对。我们对学生都要求尊重个性，耐心等待，所谓“静候花开”，为什么对“名师成长”就如此急功近利？非要“名师工作室”在一定期限内研究多少课题，发表多少论文，获得多少荣誉……其实，如果非要完成也不是做不到，但那需要作假，需要炒作，需要包装，甚至需要用钱去“运作”……而这样“成长”起来的“名师”还叫“名师”吗？

三

我曾经也带领过“名校长工作室”和“名师工作室”，因为我的个性或者说我的固执，实在不愿意受制于“名师工作室”的种种规定，于是我和工作室的教师按我们的想法自由自在地开展活动。

有一年放假前，我接到通知，让我准备相关总结和材料，迎接市教育局对各“名师（名校长）工作室”的三年评估。文件上明确写道：“根据考评结果评选出优秀、良好、合格、不合格‘成都市名师名校（园）长工作室’。”我一看紧张了，因为最近一年“李镇西名校长工作室”几乎没怎么开展工作。我一看那烦琐的自评表，头皮就发麻：总共 100 分，然后分解成几大部分，每个大部分又细分为若干小块。如果真要按这个表格填写，真的要累死人。尤其是每一项都要有佐证材料，这把我难住了。虽然前两年开展活动时也有些资料，但一时也难以找齐。尤其是我哪里去找那么多的活动记录、图片、视频、证书等“佐证材料”来证明我的工作室运行正常？当然，如果要临时造假也来得及，毕竟还有两天，我完全可以将“补材料”的任务“分解”给各名教师。但我不愿意违背我的初心。

到了考核那天，我两手空空地走进了会议室，向专家们口述了工作室运行的情况，最后我特别说出自己关于“名师工作室”应该去行政化、烦琐化管理的意见。当时我真的是豁出去了，心想大不了，我就不再带领“工作室”了。没想到，我运气好，专家组组长是成都大学的周小山教授，我以前不认识他，但我俩有着同样赤诚的教育情怀。他对我的发言表示高度赞赏，对我工作室的运作也做出了高度的评价：“‘李镇西名校长工作室’的工作是一种渗透的、引领的工作，是一个高档次的，对成都教育发展具有奠基性意义的工作！他可能没有以规范的评估表的结构来呈现，但是它在教育研究、人才成长方面有着重要的示范价值！这就是‘名师工作室’本来的定位！李镇西的名师工作室，应该给高分，高分！”周教授停了停，说：“另外，我还想说，我们应该倡导相互理解。理解什么呢？作为‘名师工作室’的管理者，要进一步理解工作室中各个名师，理解他们的工作的各种特点，尊重他们的个性。”

这个考核结果，让我意外，更让我感动。我想，如果有更多的周小山教授式的专家来评价“名师工作室”，是不是更有利于“名师工作室”的发展，最终也更有利于年轻人的成长呢？

四

2015 年 7 月，我卸任成都市武侯实验中学校长职务，退居二线。当时的教育局局长潘虹希望我带一批年轻人，这恰好也是我最热衷的事。但是，我给潘局长提了一个请求：“请给我自由！”我希望教育局不要以“名师工作室”的管理办法来规范我，而让我想怎么做就怎么做，不要“计划”“总结”“考核”“成果”……连名字我都不用“名师工作室”，而叫“李镇西博士工作站”——这是成都市一位著名特级教师的建议。我的全部请求得到了潘虹局长的同意，而且她还给了我意外的支持：经费和设备。也就是说，教育局只负责给我钱，给我活动场地和设备，其他一概不管我！后来潘虹局长的继任者陈兵局长也一如既往地这样支持我。

那我这个“李镇西博士工作站”做了什么呢？我不拘一格招募成都市范围内的有志者（没有职称、荣誉要求，也没有教育成果要求），每个月搞一次活动：或请于漪、杨东平、程红兵、吴正宪、流沙河、王崧舟等全国知名学者、专家为工作室成员开讲座（教育局出经费），或去北京、上海等地考察北京四中、清华附小、建平中学等名校（也是教育局出钱），或由我给工作室成员讲我的教育故事，或由工作室成员互相分享各自的教育智慧。当然，更多的时候工作室就是举办读书沙龙……

我当然会向教师推荐阅读书目，但从不要求他们写读书笔记；我当然倡导老师们坚持教育写作，但从不检查他们的文章；我也没有要求他们必须在什么时间内评上高级、特级教师或获得国家级、省、市级的荣誉称号，但他们个个都有上进心，读书写作都很自觉，带班上课都很用心——在各自的学校毫无疑问都是很优秀的。几年下来，教师有发表文章的，出版著作的，评上先进个人的，被邀请到全国各地讲学的……但这一切成果的取得都是自然而然，水到渠成的。

我也轻松，我不再为"痕迹管理"分心，也不专注于保留这个资料那个档案，而是琢磨"下一次活动"：给教师讲我的哪些成长故事？请哪位专家到成都来开讲座？分享哪一本教育名著？参观哪一所教育创新名校？我给他们上一节怎样的示范课？……

五年过去了，运营"李镇西博士工作站"，我个人除了正常的工资获得，没有一分钱的额外收入，但已经有 70 多位教师从中获得成长，我也向他们学习，从年轻人身上重新获得了青春的激情。

五

多年前，我曾在《名师是"打造"出来的吗》一文中写道——

> 人才是"生长"出来的，而不是"培养"出来的，更别说什么"打造"了。所谓"生长"是生长者自己的事。作为校长、局长，如果一定要说"培养"，那么这"培养"的含义应该是尽可能给"苗子"以自由宽容的人文环境——形象地说，就是尽可能提供生长所需要的土壤、空气、阳光和水，然后就让年轻人自由自在地"生长"吧！既不要吹毛求疵、横加干涉，也不要指手画脚、过度关照，更不要揠苗助长、豪华包装、大肆炒作。只有最朴素最宁静的田园，才能长出最肥美的庄稼。

自由，自由，还是自由！——让理想自由高扬，让心灵自由绽放，让个性自由舒展，让思想自由飞翔，让每一个教师成为他自己价值和尊严最本色也最灿烂的标志，而不是学校的“形象”和领导的“政绩”……如是，“名师”必然生机勃勃且源源不断。

今天，我依然坚持我的上述说法。

并且，我还要补充几句——

应该说，“名师工作室”的领衔人都有着强烈的事业心和使命情怀，而“名师工作室”的年轻人，都有着上进心和自律精神。对这样的教育者，没有理由不信任，没有理由不放飞他们，让他们自由自在地翱翔！

最后，我愿分别以龚自珍和毛泽东的诗句表达我对“名师工作室”的期盼——“我劝天公重抖擞”，“万类霜天竞自由”！

2020 年 7 月 3 日

父母应该给孩子选择怎样的学校？

严格说起来，本文的题目是有问题的。现在各级行政部门正在遏制“择校风”，我却在这里给家长“支招”，大谈“选择怎样的学校”，这岂不是和上级在“对着干”？

话是这样说，但客观上看，各地的“择校热”依然没有降温。就算国家采取各种强有力的政策，不少家长依然可以“合法择校”，比如，选择民办学校，或提前就把孩子户口迁到自己心仪的学校附近，等等。所以，我下面所说，对家长并非没有一点儿参考价值。

如果真有“择校”的可能，作为一名家长，应该为孩子选择怎样的学校呢？可能不少家长都会说：“当然是当地最好的名校了！”这种“名校崇拜”是相当多家长的共同心理。但名校不一定适合你的孩子。

我先讲一件真实的事。前年，我去成都一所基本上没有知名度的民办学校考察（我这里不便说出这所学校的名字，以免有做广告之嫌），正碰上一个学生的母亲来学校办事，我便和她聊了起来。她的儿子中考考上了成都最有名的中学（不是之一），所有亲朋好友都很羡慕，都表示祝贺；可高一上半学期读完，孩子便要求转学，说这个学校不适合自己，要求转到这个连不少成都人都不知道的学校。父母尊重孩子，便从那所名校转到了现在的学校。仅仅读了半年，孩子便说：“这是我读书九年半来，最愉快的一学期！”因为这所学校有这个孩子最需要的东西：自由。

不能说那所最有名的中学不好，但它不适合这个孩子。所以我想以这个孩子的选择为例，向家长提一个建议——您首先要选择适合您孩子的学校。

所谓“适合”，就是符合并满足你孩子特点和兴趣的学校。尽管在义务教育阶段，各学校的办学理念、培养目标、课程设置、评价考核等方面都统一于国家的教育方针，但在教育改革与创新的背景下，各学校之间依然有着一些不同。比如，有的以人文熏陶为特色，有的以科技创新为强项，有的以校本课程为优势，有的以社会实践为亮点……作为家长，在为孩子选择学校时，应该把这些因素和自己孩子的个性放在一起考量。这是择校的首要条件。

当然，择校还有一个标准是绝不可放过或轻视的，那就是有爱心——应该给孩子选择一所有爱心的学校。从理论上说，所有学校对老师的要求都是要有爱心，或者说，没有爱心的学校还叫“学校”吗？但我这里所说的“有爱心的学校”不是抽象的，而是体现在许多细节上，比如，是不是可以经常见到校长，并能直接向校长反映意见？老师是不是经常和孩子一起玩儿？遇到恶劣天气是不是允许学生迟到？是不是不会以“为了学校”的名义侵害学生的权利和尊严？学校在各个方面是不是真正做到了尊重每一个孩子？家长走进学校，是不是见到的每一位老师都会向你点头微笑？是不是从不因孩子的错误而训斥家长？……教育，从某种意义上说，就是培养爱，并教会学生传递爱。没有自然而然发自内心的爱的流露，就没有真正的教育。

还要选择特别注重孩子身心健康的学校。在孩子成长的所有指标中，身体健康无疑是第一重要的——没有了健康，要成绩何用？所以，家长在选择某一所学校前，应先了解一下：这所学校的学生戴眼镜的多不多？这所学校的运动场大不大？学校供孩子使用的体育运动设施如何？每天让孩子在户外的时间有多少？学生每天直接用于锻炼的时间是否不少于一小时？有没有各种体育俱乐部（或者叫运动队——足球、篮球、排球、乒乓球、拳击、跆拳道等）？学校是否经常有学校之间、年级之间、班级之间的各种赛事？学校运动场周末和节假日是否向学生开放？你要考虑：你把孩子交给这所学校，几年后毕业，孩子是更加健康了，还是变得羸弱了？

要选择孩子有自由选择空间的学校。这话比较拗口，我的意思是，孩子在学校里应该拥有选择的自由。现在中国的学校，大多管得太死，甚至有的学校采用准军事化管理。在这样的学校里，无论在哪个方面，学生都没有半点选择的自由，一切只有服从：上课、作业、吃饭、就寝，连晨练跑步都必须在规定的队列里步调一致！可能有的家长觉得这样挺好的，“严格要求”嘛！可以让孩子学会规范，学会纪律，懂得守规矩嘛！可是在这样的学校里，孩子的个性被扼杀，创造力会受到极大的挫伤。相反，在同样培养孩子讲文明（包含了遵守规则）的前提下，给孩子以自由空间的学校是理想的学校：校服款式的多样化，选修课程的丰富性，作业难度和数量的弹性要求，体育课锻炼项目的自主选择……拥有自由，学会选择，都是孩子未来成为公民的必备素质。

择校时，还有一点儿也很重要，就是每天孩子从家到学校的步行距离能控制在半小时以内。这是一个很重要的选择指标，却被许多家长忽略了。有的家长为了选“名校”，不惜让孩子每天花一个小时以上的时间挤公交车，或开车送孩子上学。每天早晨为了让孩子不耽误上学，家长不得不把根本没睡足时间的孩子叫醒，天天如此，这是对生命的摧残。而如果把这耗费在上学路上的时间用在孩子睡觉上，每天让孩子多睡一个小时，是多么有价值！因此，我建议家长们在选择学校时，应该考虑从家里到学校的距离，最好是半个小时以内的步行距离。即使从安全角度考虑，半个小时的步行距离也较为合适，这还能锻炼孩子的身体与毅力，同时，还省下了家长接送的时间。因此，“节省 30 分钟，多睡一个小时”，应该成为家长们择校的硬指标。

还有一个标准不一定是最主要的，却也很重要，就是学校要有茂密的树林，甚至有参天大树。我一直认为，没有大树的学校是不完整的学校。一棵棵大树，应该是学校的标配。上了年纪的人，回忆母校时往往想起的是母校的那一棵棵枝繁叶茂的大树，以及大树下的许多故事。是的，有树就会有故事。大树下，师生之间的谈心，同学之间的嬉戏，会给未来留下许多温馨的记忆。何况，在春天，大树新枝把一片片嫩绿的新叶展示在教室窗外，还随风微微摇曳……在这样的环境中，孩子将会更加生机勃勃且诗情满怀。

为孩子选择学校，还有一个重要条件要考虑，我一直犹豫写不写出来，就是学校的课业负担是适中，还是过重。我之所以“一直犹豫写不写出来”，是因为，在目前中国的教育背景下，几乎所有学校的负担都差不多，当然名校相对更重一些。所以，要让家长选择课业负担比较轻的学校，他们几乎就没得选。我知道，学生的学习过程本身必然伴随着刻苦努力的汗水，不可能没有一点点儿负担。但必须适中。有的名校一年级的孩子晚上作业就做到九十点，这无论如何是说不过去的，因为国家明文规定，小学一年级不布置书面家庭作业。虽然孩子的作业负担过重，是几乎所有学校存在的普遍问题，但毕竟还是有一些学校要稍微好一些，家长朋友们不妨去打听打听。注意，千万不要向校方打听，因为没有一所学校不说自己“负担轻”，没有一所学校不说自己是在搞“素质教育”。一所学校孩子的负担是否过重，最权威的答案在该校就读的孩子及其父母的口中。多问问该校孩子：晚上几点睡觉，早晨几点到校？如果孩子作业过多，睡眠不足，不管学校如何吹嘘“素质教育”，都别相信。

选择学校的标准，当然还不止这些，比如，还有注重全面发展，教学质量很高，教师队伍稳定，校园周边的人文氛围浓郁、治安环境良好等，但我个人认为最重要的还是上面几条。现在的家长，一说给孩子选学校，几乎是本能地想到“本地最好的学校是哪一所”，而在目前的评价制度下，所谓“最好的学校”往往是因为生源好而升学率高的“名校”，不少（不是所有）这样的学校往往没有教育，只有教学，而教学又是以“刷题”为主要手段，以升学为唯一目标。进了这样的学校，你的孩子说不定会中途崩溃，尽管学校最终夺得高考（或中考）状元，但许多孩子除了会刷题而百无一用，除了分数而一无所有——包括健康的身体。

这样的学校，你真的愿意或忍心让孩子就读吗？

2018年4月20日

保卫儿童！

——我的《六一宣言》

又一个儿童节到了。今年这个儿童节，是第二次修订后的《中华人民共和国未成年人保护法》实施的第一天。

我首先向所有可爱的和在某些成人眼里不那么“可爱”的孩子，致以节日的祝福——衷心祝愿每一个儿童都有真正幸福而完整的童年！

（注意，所谓“儿童”，按联合国《儿童权利公约》的界定，指“18 岁以下的任何人”。）

对比现实，我实在不敢轻言乐观；相反，我想在今天向所有的成人发出呼吁——

保卫儿童！

有些“耸人听闻”吗？好像是。

因为今天开始实施的《中华人民共和国未成年人保护法》（修订版）已经对保护（保卫）儿童做出了许多规定：

“尊重未成年人人格尊严。”

“保障未成年人休息、娱乐和体育锻炼的时间。”

“禁止对未成年人实施家庭暴力。”

“学校、幼儿园的教职员工应当尊重未成年人人格尊严，不得对未成年人实施体罚、变相体罚或者其他侮辱人格尊严的行为。”

“学校应当关心、爱护未成年学生，不得因家庭、身体、心理、学习能力等情况歧视学生。”

“学校不得占用国家法定节假日、休息日及寒暑假期，组织义务教育阶段的未成年学生集体补课，加重其学习负担。”

…………

1990年8月29日，中国常驻联合国大使代表中华人民共和国政府签署了《儿童权利公约》，中国成为第105个签约国。《儿童权利公约》规定：

“应尊重儿童享有思想、信仰和宗教自由的权利。”

“儿童应有自由发表言论的权利；此项权利应包括通过口头、书面或印刷、艺术形成或儿童所选择的任何其他媒介，寻求、接受和传递各种信息和思想的自由，而不论国界。”

“儿童有权享有休息和闲暇，从事与儿童年龄相宜的游戏和娱乐活动，以及自由参加文化生活和艺术活动。”

“任何儿童不受酷刑或其他形式的残忍、不人道或有辱人格的待遇或处罚。”

…………

还不只是上面所说的国内法律和国际公约，多年来，为了保护儿童的合法权益，我国制定了以《中华人民共和国宪法》为核心的相关法律。《中华人民共和国宪法》规定：“禁止虐待老人、妇女和儿童。”此外，包括《中华人民共和国义务教育法》《中华人民共和国残疾人保障法》《中华人民共和国妇女权益保障法》《中华人民共和国母婴保健法》等在内的一系列有关儿童生存、保护和发展的法律，涉及儿童生存、生活、生命等方方面面的权利，形成了较为完备的保护儿童权益的法律体系。

在此情况下，我居然还“煞有介事”地呼吁“保卫儿童”，岂不是有些“哗众取宠”？

但是，看看现状，这些保护儿童的法律条款，我们做到了吗？

请问——

有多少儿童每天晚上为赶作业而睡眠不足？

有多少儿童为了上各种补习班而失去了周末？

有多少儿童因为种种原因而过早地离开了课堂？

有多少儿童因为犯错被成人辱骂而失去了人格尊严？

有多少儿童因为犯错而被教师或家长体罚？

有多少儿童因为在作文中说了真话而被老师批评？

有多少儿童因为精神压力过大而放弃了生命？

有多少儿童为了争分夺秒学习以至于每天的吃饭、洗澡、上厕所的时间都被规定到了几分几秒？

有多少儿童为了应试而被剥夺了上体育课、音乐课、美术课以及参与其他娱乐活动的权利？

有多少儿童因为繁重的学业而失去了健康的身体？

有多少儿童因为应试训练而失去了儿童特有的想象力？

…………

如果仅就“数字”而言，我们的教育的确取得了辉煌的成就——

改革开放以来，从数量上来看，我们新建的学校不知翻了多少倍；我们义务教育早已普及；高等教育毛入学率也由 2015 年的 40% 提升到了 2020 年的 54.4%……

但是，和 40 年前比较——

儿童的作业负担是更重了还是更轻了？

儿童的近视眼是更少了还是更多了？

儿童的体质是更强了还是更弱了？

儿童的睡眠时间是增加了还是减少了？

儿童的自杀率是更低了还是更高了？

儿童的想象力是更丰富了还是更贫乏了？

儿童的创造力是更强大了还是更枯竭了？

…………

苏霍姆林斯基说：“人是最高价值！”

如果以“人”的价值而言，我们还能说我们的教育在进步吗？

如果孩子没有了童年，任何“教育改革”的“辉煌成就”都毫无意义！

顺便说一下，这么多年来，相当多的教师（不敢说是多数，但绝对是“相当多”）居然理直气壮为体罚学生辩护。可他们不知道，一个老师体罚学生，这首先不是什么“道德问题”，而是一个法律问题。体罚学生，就是犯法！而犯法是要付出法律代价的。这样的教师，实在是愚昧到了极点！

因此，为了中华民族的未来，我们必须从现在起，保卫每一个儿童的童年——

保卫儿童的睡眠！

保卫儿童的健康！

保卫儿童的眼睛！

保卫儿童的耳朵！

保卫儿童的小手！

保卫儿童的双腿！

保卫儿童的思考！

保卫儿童的情感！

保卫儿童的天真！

保卫儿童的幼稚！

保卫儿童的休闲！

保卫儿童的发呆！

保卫儿童的尊严！

保卫儿童的个性！

保卫儿童的欢笑！

保卫儿童的歌声！

保卫儿童的爱好！

保卫儿童的情趣！

保卫儿童的浪漫！

保卫儿童的诗意！

保卫儿童的隐私！

保卫儿童的秘密！

保卫儿童的好奇！

保卫儿童的想象！

保卫儿童的“磨蹭”！

保卫儿童的“胡说”！

保卫儿童的“放肆”！

保卫儿童的“瞎想”！

保卫儿童的“怪异”！

保卫儿童的“疯狂”！

不要用成年人的“标准”去束缚儿童灵活的手脚，

不要用成年人的“观念”去填满儿童自由的大脑，

不要用成年人的“理想”去规范儿童无限的明天，

不要用成年人的“真理”去禁锢儿童飞翔的心灵……

连成年人自己都不愿过的生活，却让儿童每天都过，这不太残忍了吗？

连成年人都不相信的东西，却硬要塞给儿童去死记硬背，这不是太虚伪了吗？

杨东平先生曾大声疾呼：“善待我们的孩子，他们的名字叫未来！”

请允许我也大吼一声——

保卫儿童！因为每一个儿童，都是我们民族的未来！

写于 2021 年儿童节前夕

我为“暑期托管服务”提三条建议

本月初，北京市教委启动了学生暑期托管服务，各地陆续效仿。

作为“我为群众办实事”的一项实践活动，政府把“办人民满意的教育”落在了实处，但这在受到家长广泛欢迎的同时，却引起了许多教师的不安，甚至不满，乃至愤怒：

“我们仅有的暑假将被取消，教师全天候带娃的模式开启了。”

“‘办人民满意的教育’，难道我们教师就不是‘人民’？”

“方便了家长，我们老师的生命谁来管？”

…………

不少教师早就希望我谈谈对“暑期托管服务”的看法。我感觉，他们其实是期待我说出他们想说的话。但我在没有了解这项新举措的情况下，是不会贸然评论的。所以，最近几天虽然我不断呼吁保障教师在寒暑假休息的权利，但我一直只字没提“托管服务”的事。因为纯粹为了蹭热点、赚流量、迎合粉丝而随意“指点江山”，不是“镇西茶馆”的风格。

我在仔细阅读并研究了有关政策以及相关报道后，却有了和一些教师不尽相同的感受。我觉得“暑期托管服务”值得点赞，而教师过度解读“暑期托管服务”这项举措了，反应过于敏感与强烈。

第一，这只是针对小学一年级至五年级的孩子，不涉及小学六年级的孩子和中学生；第二，参与托管服务的不只是学校和教师，还有社会各界人士和相关单位等；第三，不组织学科培训和集体授课；第四，暑假托管服务是本着公益、志愿的原则组织的；第五，无论学生还是家长，以及参与托管服务的教师，都是自愿参加的。

我注意到官方公众号“北京西城”是这样报道的——

> 暑假期间，西城区教育系统为扎实推进“我为群众办实事”实践活动，依据市教委整体工作部署，按就近托管服务原则，在每个街道安排1—2所小学作为暑期托管服务承办学校，为小学一年级至五年级家庭确有需要的学生提供暑期托管服务。
>
> 据了解，西城区托管服务以基本看护为主，主要包括提供学习场所，开放图书馆、阅览室，有组织地开展体育活动等。不组织学科培训和集体授课。适当收取费用，对家庭困难学生免收托管服务费用。

你看，并不是所有学校，而是“在每个街道安排1~2所小学作为暑期托管服务承办学校”，而且“以基本看护为主”……

这是不是与老师所担心乃至恐惧的“没有寒暑假”相去甚远?

但老师的担心和恐惧也并非没有依据。根据“上有政策，下有对策”“层层加码”“宁左勿右”“变本加厉”“扩大化”等“国情”，他们害怕有关部门打着神圣的旗号侵犯教师的权益。这不是没有先例的。

为了防止这种情况，我有三条建议——

第一，参与“托管服务”的不应该只是学校，还应该有所在地区的图书馆、青少年宫、博物馆、科技馆……以及街道社区相应的机构。

第二，参与“托管服务”的不应该只是学校教师，还应该有社会各界的志愿者，比如，科技界、企业界、文化界、艺术界等领域的热心公益者，还有已经退休但身体健康、精力充沛的教育爱好者，以及大学生志愿者。

第三，即使是学校教师，也一定要本着绝对自愿的原则，让确有精力且有能力的教师，自愿报名参加。无论教师是否参加托管服务，都与评优选先、职称晋升、绩效考核、发展入党、干部提拔等脱钩，也不搞“同等条件下，参加过托管服务者优先”的规定。否则，所谓“自愿参加”，很可能就成了道德裹挟下的“强迫自愿”。

多年来，这样的“强迫自愿”还少吗？

当然，“自愿参加”也包括学生及其家长。托管服务应该有许多内容：文体活动、科技制作、社会实践……这些都应该让孩子选择，绝不能搞“一刀切”。要绝对禁止学科知识的集体授课，千万不能搞成另一种形式的“补课”。否则，老师所担心的“第三学期”，就有可能披着“托管服务”的外衣而横行。

所以，我特别主张，暑期托管服务采取“社区主导＋学校参与”的模式，而不应以学校为主。学校可以提供场地，有意愿的教师也可以参加。但除了学校的相关资源，社区、街道内的图书馆、青少年宫、博物馆、体育场馆等，都统统向孩子们开放，而托管服务的组织管理应由教师、志愿者和各界热心人士共同参与。

教师非常担心“暑期托管服务”剥夺了好不容易可以喘口气的假期，这是可以理解的。作为教师职业应有的福利，寒暑假是不可剥夺也不可克扣的。因此，我多次写文章呼吁别让假期成“假”期，别让放假成“假放”。但教师想想，真正侵犯我们假期的，并不是仅限于小学一至五年级的“暑期托管服务”，而是几乎每个学校每个寒暑假都有的师德培训、专项学习、文件抄写、心得撰写……

学校可以用多种方式鼓励教师报名参与托管服务，特别是应该有较为丰厚的报酬——按《中华人民共和国劳动法》第四十四条：“法定休假日安排劳动者工作的，支付不低于工资的百分之三百的工资报酬。”但无论怎样鼓励，都不得违背教师意愿，强迫教师“自愿参加”暑期托管服务。

如果在实施暑期托管服务过程中，有学校“一刀切”地强迫教师“自愿参加”，那么，教师完全可以理直气壮地说“不”。如果有领导给这样的教师穿小鞋，或明里暗里打击报复，那么，教育行政部门和相关法律机构应该成为教师维护自己权益的坚强后盾。

其实，暑期托管服务真的是一项很好的举措，但这是全社会的公共事务，而不是学校的暑假安排。托管服务真正搞好了，将多方受益，何乐而不为呢？关键是不要走样。

2021年7月8日

家庭教育中应该怎样给孩子讲道理？

我注意到最近网上对“家庭教育中应不应该给孩子讲道理”的讨论——不，应该是争论，而且争论得很厉害。我觉得这有什么可争论的，家庭教育中给孩子讲道理天经地义呀！

毫无疑问，“身教重于言传”是一条教育的原则，当然也包括家庭教育。但“重于”只是意味着“身教”更加重要，而不意味着“言传”就不重要。我曾经去于漪老师家里拜访她。谈及自己受过的家庭教育，于漪老师对我说：“我母亲没什么文化，她也说不出什么大道理，就告诉我们，第一，要善良；第二，要忍让，多想着别人。就这么简单。”“告诉我们”不就是“讲道理”吗？

所以，我认为与其争论该不该给孩子讲道理，不如多琢磨一下，家庭教育中应该如何给孩子讲道理？

第一，通过故事讲道理。

讲道理不等于空洞的说教，寓道理于故事，是教育的传统方式，也是有效方式。回想一下，我们几乎每一个人最早接受的道理都在爸爸妈妈讲的故事中。《小猫钓鱼》告诉我们，无论做什么事都要专心致志；《龟兔赛跑》告诉我们，不可小视他人，虚心使人进步，骄傲使人落后，要踏踏实实地做事情，不要半途而废，才会取得成功；《匹曹诺的鼻子》告诉我们，做人要诚实，不能说谎……当然，故事不一定来自童话或寓言，也可以是父母的经历。讲故事，是家庭教育的“常规武器”，也应该是优秀父母的“标配”。

第二，通过规则讲道理。

按说规则是拿来遵守而不是拿来讲“道理”的。叫你做就做，有什么道理可讲的？但规则背后所蕴含的尊重精神和共存意识，则应该让孩子明白。独自一人无所谓“规则”，可一旦进入公共场合，涉及与人共处和交往，就必须靠规则来协调人际关系、维护社会秩序。为什么上课不能乱说话？为什么不能闯红灯？为什么看演出时不能站起来？为什么买东西得排队？……孩子小时候往往因不懂规则而违反规则，这就是父母给孩子讲道理的最佳时候。通过父母对规则的解说，小到学校纪律，大到国家法规……渐渐都印在了孩子幼小的心里。

第三，通过共读讲道理。

“亲子共读”，然后父母和孩子交流，这本身就是最好的讲道理的过程。亚米契斯的《爱的教育》，让孩子在感动中领悟真善美；曹文轩的《青铜葵花》，让孩子体会苦难中的坚忍与崇高；傅雷的《傅雷家书》，让孩子思考人生、走向成熟……包括低幼年龄段的孩子的绘本，都可以让孩子在爸爸妈妈的陪伴下获得道德启蒙。所以，共读不只是“读”，还有说，还有议，还有彼此的交流与分享——善良与正直、勤劳与坚忍、自信与包容、伟大与崇高，都蕴含其中。这些美好的品质，如果离开了共读而变成单方的“讲”，显然是不会奏效的。

第四，通过写作讲道理。

这里的“写作”主要是指写信。作为父亲，我爱给女儿写信；作为教师，我爱给学生写信。写信往往是在一些特殊的日子，比如生日，比如新年，比如孩子取得了什么重大的成果，比如孩子和父母闹了别扭……通过书信，父母敞开胸襟，和孩子推心置腹地谈心。同样的道理，用文字有条理地表达，比面对面地“说”有时候更容易走进心灵。无论是给女儿的信，还是给学生的信，我都要留一份底稿，这是留给未来的记忆，让长大的孩子重温父辈和老师当年的教诲，而信中的道理也将再次“发酵”。所以，我当校长时也提倡学生家长定期或不定期给孩子写信。

第五，通过进步讲道理。

孩子入队了，入团了，当三好学生了，被选为优秀学生干部了，考试取得好成绩了，以往一直头疼的学科一下子突飞猛进了……每一次进步，都是父母“讲道理”的契机。当然，这里的讲道理依然不是空泛的“你真棒”的鼓励，或“千万别骄傲”的提醒，而是在和孩子分享喜悦的时候，帮助孩子分析总结进步的原因，以及下一步继续向上的具体做法。重点是分析进步的原因——和以前比有哪些改进？有什么好的学习方法可以继续保持？通过这次进步发现了自己以前没发现的哪些优点？自己还有哪些潜力？……这时候讲道理，孩子最容易听进去。

第六，通过错误讲道理。

孩子犯错也是讲道理的好机会。家长可能有这样的体会，平时有些道理给孩子说多少遍，他都当耳旁风，而当孩子遭遇挫折——违纪了，考差了，吵架了，甚至打架了，或者惹出更严重的祸事时，给孩子讲道理会更有效用。无论孩子是怎样的态度，父母一定要抓住这个机会好好给孩子讲讲道理，引导孩子汲取教训，认识到错误的危害，也要弄清犯错误的原因，以免在同一个地方跌两次跤。特别重要的是，父母千万不要一味指责，而要推心置腹，动之以情，晓之以理，让孩子感觉“爸爸妈妈是在帮我”，进而振作起来。

第七，通过对话讲道理。

应该提倡亲子之间围绕一些话题平等交流和讨论。学校大事、社会新闻、时事热点、国际局势……都可以成为对话的内容。父母和孩子虽然长幼有序，阅历有别，但面对真理，人人平等。这种家庭沙龙式的对话，也是一种“讲道理”。当年“9·11”事件发生后，正读初二的女儿回家和我讨论，她的看法不乏幼稚，思考却非常真诚。我在尊重她并耐心倾听她的同时，也坦率地说出了我的看法，以拓宽她的视野，提升她的认识水平。我一直主张，家庭一定要有思考的氛围，家庭教育一定要有思想的含量。亲子对话是激发思考、点燃思想的途径。

第八，通过餐桌讲道理。

现在孩子学习压力大，平时和父母交流的时间不多。即使国家出台了“双减”政策，课后延时服务后孩子回家也许更晚。所以每天的晚餐时分，便成了亲子之间面对面交流的难得机会。也许有朋友会说：“连吃饭也要教育孩子？累不累啊！”其实，孩子如果信任父母，吃饭时必然滔滔不绝地说学校或班里的见闻，父母也会情不自禁就事论理地插话。正是在这自然而然的氛围中，父母可以“言语不多道理深”地对孩子进行引导。特别要强调的是，这种餐桌聊天，父母表达的道理一定要语言简洁，点到为止，尽量淡化教育痕迹。

第九，通过“小路”讲道理。

我曾经在我班的家长会上说：“希望爸爸妈妈们，无论多忙，都能够尽量争取每天和孩子拥有‘一段路’‘一席话’和‘一盏灯’。”这里的“一段路”是指饭后和孩子散步；“一席话”指的是散步时的聊天；“一盏灯”是指散步回家后一家人灯下共读，孩子做作业，父母也在读书。所以，我这里的“小路”也是借代，代指休闲聊天。教育效果取决于信任关系。如果孩子愿意对你说悄悄话了，你的教育就成功了。因为信任，在心灵舒展、精神放松的小路上，孩子什么都愿意对你说，而你说的孩子也爱听，包括你跟孩子闲聊时的“讲道理”。

…………

当然，向孩子讲道理还有许多方法。但无论怎样讲道理，教育者必须遵守三条铁律。

第一，不能仅仅讲道理，还必须有教育者的示范。我曾经对老师说过：“最好的管理莫过于示范，最好的教育莫过于感染。”家庭教育也如此。如果父母只有言而没有行，再好的道理都是苍白的。如果说教育者讲的道理是真理，那么最好的注释便是教育者的行动。

第二，教给孩子的每一条道理，都必须是教育者真心信奉的。最虚伪的教育，就是教育者自己都不相信的道理却偏要孩子们相信。这样的教育无异于欺骗。更可怕的是，正如美国著名思想家托马斯·潘恩所说：一个人如何极力宣扬他自己都不信的东西，那他就是做好了干任何坏事的准备。

第三，在讲道理的时候，一定要尊重孩子的年龄阶段、心理特征和认知能力。不要急于把道理强加给孩子，要允许孩子反驳，乐于和孩子一起讨论；也要允许孩子暂时不接受，给孩子以自己消化的时间和思考的权利。要相信，只要孩子真正善良正直，他总会选择真理的。

2021 年 9 月 24 日

不解除教师的“六大束缚”，哪来孩子的“六大解放”？

陶行知先生所呼吁对儿童的“六大解放”，已经深入人心。

> 解放儿童的头脑，使之能想；解放儿童的双手，使之能干；解放儿童的眼睛，使之能看；解放儿童的嘴，使之能说；解放儿童的空间，使之能接触大自然和大社会；解放儿童的时间，不逼迫他们赶考，使之能学习自己渴望的东西。

80多年过去了，当年陶行知这“六大解放”所针对的“六大束缚”，不但没有被消灭，而且越来越严重了。今天重温“六大解放”，我感觉这简直就是提前了半个多世纪的“双减”宣言。

“救救孩子”依然是我们今天教育的沉重主题。

不过，想“救救孩子”得先“救救教师”。想想，长期以来，我们教师不一直也存在着“六大束缚”吗？

我们的头脑被束缚了，总是不停地被提醒，被警告；没有了独自的思考和自由的思想。虽然有自己的头颅，里面装的却是别人的意志。

我们的双手被捆住了，我们只能做规定做的事，不能有半点自己的创造，连教室黑板上方写什么话都必须遵守统一的规定。双臂长在我们的身上，却宛如假肢。

我们的眼睛被蒙上了，读什么书，阅什么报，上什么网，都有规定。我们被一再告诫，要多看“正能量”。许多信息我们无法看到，或视而不见。我们有一双眼睛，但眼眶里装的却是玻璃球。

我们有办公室，却没有自己的空间，因为我们所做的常常是各种形式主义的应付之事，往往和教育教学没多大关系。

我们有手表，却没有自己的时间，早晨一踏出家门，每一分每一秒便交给了各种“任务”。无暇备课，无暇谈心，无暇家访，无暇读自己喜欢读的书……忙了一天，却不知为何在忙。

请问，这样的教师能够给孩子带去“六大解放”吗？

我深深地明白，人民教师肩负着国家所托付的重任，教师每一天的言行都关系着民族的未来，教师应该听从时代的庄严召唤，履行自己的神圣职责，为党育人，为国育才。教师当然不能不顾国家利益而追求各行其是的“自由”，教师的职业规范和道德底线必须要有，而且作为教师必须遵守，否则，教师便有愧于职业尊严也有愧于国家重托。但任何伟大的事业，都离不开千千万万的追随者富有创造性的奋斗。同样的道理，如果没有教师能在遵循国家教育方针的前提下，拥有充足的时间与空间并独立自主地上好每一堂课，带好每一个班，那他所引导的孩子，怎么可能真正推动一个民族走向强盛？

束缚了教师，就是使教育窒息。

《国际歌》唱道：“让思想冲破牢笼！”如果教师没有属于自己的创造性思想，不能干教育者应该干的真事，不能说教育者应该说的真话，不能看教育者应该正视的真相，没有施展个人创造力的空间，没有能够自由支配的时间……所谓“尊师重教”，不过是一句漂亮的口号而已。

今天，我们对陶行知先生最好的纪念，就是将他的“六大解放”落到实处。而欲解放孩子，请先解放教师！

2021 年 10 月 19 日

请听听来自一线的意见和建议

——关于中小学教材建设的调查报告

一、调查背景

最近人教版小学数学教材的“插图事件”闹得沸沸扬扬，引发多方关注。

我的看法是，毫无疑问，中小学教材是存在一些问题的，但是——

第一，有问题很正常。无论何时，教材永远不可能无懈可击，即使完美，也是相对的。也就是说，教材没问题是相对的，有问题则是绝对的。

第二，有问题但不能夸大，更不能扩大地打击一大片。有问题就说问题：有的是水平有限，有的是认识偏差，有的是学术认识的差异……不要动辄就走极端，还是要重在建设。

既然重在建设，就不要一骂了之，而应以建设性的姿态先做调查，尤其要在使用教材的一线教师中做调查。虽然他们的看法不一定对，毕竟他们不是编写教材的专家，但听听他们的意见和建议，对于改进和完善我们的教材是非常有必要的。

因此，为了具体了解广大一线教师和热心家长对中小学教材存在问题的看法，5 月 30 日，“镇西茶馆”在网上发布了一项调查：“你认为目前的中小学教材存在哪些问题？请举例说明。”这次的调查未采用问卷形式，而以留言评论的方式进行。此调查问题发出后，参与者众多，留言近千条，现归类整理如下（注意：以下意见和建议，均来自对教师的留言的客观梳理，不代表本人的看法）。

二、主要意见

（一）教材内容方面

1. 中外比例失当。

不少网友认为，语文教材内容的选择不够经典，不够有内涵；有关国学等传统文化的内容入选力度不够，如小学语文教材中对个别经典诗词仅以名句呈现；在创新思维、勇敢坚毅品格的培养，家国情怀方面呈现的外国名人故事偏多，对《詹天佑》等体现爱国的名篇弱化为“阅读链接”，感觉不妥。还有网友提到，目前的语文教材里关于国外的文章太多，而中国的文章删掉了不少。有网友批评道，中学历史教材不能真正培养学生的历史辩证思维，空洞说教的内容居多。又有网友指出，小学语文四年级下册中《诺曼底号遇难记》是精读课文，而《黄继光》却变成了略读课文，令人费解。

2. 内容陈旧过时。

不少网友留言，课文内容需要与时俱进，比如，《呼风唤雨的世纪》还是体现 20 世纪俄国的伟大成就和发展。比如，现行的人教版小学数学教材，插图里的很多内容都是 10 年前流行的素材。比如，五年级教材里《体积与体积单位》一课，用的素材还是影碟机。小学数学等教材中呈现的例题题干，应用题创设的情境与学生的现实生活相去甚远，有的甚至是 20 多年前的场景，还有一些知识点的设计与现实生活不符，孩子们学起来也没多大兴趣，如鸡兔同笼、烙饼问题等。

3. 知识难易不当。

许多网友认为，义务教育阶段数学知识整体上偏难，而且呈现出年段不均，“吃不饱”和“吃不下”的情况；高中语文过于注重理论知识，实用性较差，偏难的知识让大部分学生丧失了学习的兴趣和动力，对学生主动积极的学习不利。还有网友提到，数学中的鸡兔同笼问题原来在六年级才出现，现在调整到了四年级；二年级的学生就要学带括号的混合运算；一年级语文对学生的识字量要求越来越高，这就逼着幼儿园大班老师提前教识字；还有原来很多五、六年级才学的课文，现在都到了三、四年级语文课本里。有网友提到，人教版数学二年级下册教材中，学生第一次接触除法竖式，第一次接触脱式计算，就要求学会表内除法又有余数的除法，又要试商，又要知道各部分之间的关系，既要学 100 以内的加减法竖式计算，还要认识 10000 以内数的认识，包括近似数，还有图形的运动，克与千克，内容类型过多，转变过快，而且难度很大，学生学起来很吃力。有网友将新加坡数学教材作对比后发现，新加坡的教材很形象地在讲数学，我们的教材却很抽象，小朋友理解起来要困难很多。

4. 取舍有些不妥。

许多网友提到初中语文教材，减了很多名篇，感觉上语文课就像上政治课，文质兼美，但能较好地体现工具性、人文性的篇目较少。有网友提到语文教材中的许多名篇被删改多处，学生不能直接感受到原汁原味的经典。多音字，尤其是古诗文中的个别字音，没有注音或者是以今天的读音来注明，失去了古文的音律美。还有网友提到高中政治的经济学原理部分，有关商品、社会必要劳动时间的内容全删了，经济性方面差了很多。还有网友认为，现在的语文教材，尤其是初中和高中，科普类的说明文大多被删除了，不能很好地培养学生的科学素养和语言表达能力。

5. 系统逻辑缺乏。

不少网友认为许多教材内各单元内容驳杂，文体不统一，古诗文太多，文章文体特征不典型；数学等理科知识分布零散，不利于学习掌握；初一的古文多为议论文，学生学习很有难度；从上一轮课改开始，各科尤其是数学、物理、化学科目教材编写缺乏知识的系统性和层次性，逻辑性不强，未注重循序渐进。还有网友提到，20 世纪 90 年代的初中数学教材是分为代数和几何的，现在二合一后显得混乱、缺乏体系。现在的高中化学教材与20世纪的教材相比，越改越不知道在说什么，叙述不清。有网友认为，人教版七年级英语教材与八年级教材衔接不紧密，七年级与六年级的教材简单得多，而八年级的教材猛然上了一个台阶，语法知识过难，学生难以接受。

6. 缺乏方法指引。

许多网友认为，合格的教材必须充分考虑自学，很多留守儿童和流动儿童一年级就“溺死在了学海”里；翻开数学课本看一看，本来是最有逻辑的学科却除了例题几乎不谈方法，不讲步骤，用“显而易见”一言蔽之，学生“看不懂、学不会”情况突出。网友们提到，目前的数学教材叙述极其笼统，别说是孩子自学，就是没有经验的年轻教师备课，都常常感到无从下手。语文教材只按主题分成几个单元，如爱国、亲情、勇气等，每个单元三四篇课文，且选择难易失度，简单的比幼儿读物还幼稚，难的却连成人都难以理解。

7. 地域有所偏颇。

许多网友认为，目前的教材缺乏乡土气息，过于城市化，关于城乡各美其美，城乡共融的体现不足。比如，统编教材《道德与法治》的编者多来自南方，导致教材故事内容的选取和语言的表达选用南方的比较多，这加大了北方的师生对教材的理解难度。

8. 落实课改不够。

“教材就是最好的教案”，高质量的课程教学应起到保底和拔优的作用，目前的教材在质量方面亟须提升。网友们认为，教材内容碎片化，新课标提倡的大单元教学，主题式、探究式、启发式教学理念，其教材提供的对接服务不足。比如，语文教材过于强化语文知识的学习而在写作方面却过于弱化；数学教材例题、教辅习题与考试的综合要求分离严重，只看教材例题，考试得不了高分，这也是教辅大行其道，教师搞题海战术的重要原因。综观小学各学科教材，都是强调本学科的重要性，和其他学科缺少整合和照应，与新课改提倡的综合学习不吻合。

9. 专业性不强。

有担任中学语文教师的网友认为，高中语文统编教材中的文言文部分，连句子的停顿都与以前不一样了，关于知识解读的差异也很大。还有文言字词注释，全部是意译，与高中文言文的“直译为主，意译为辅”的翻译原则相违背。教材还经常变，让人无所适从，配套教材还多次出现错误答案。初中语文统编教材综合性学习形同虚设，不具有可操作性。教材后的习题很多时候是先把正确答案说出来，然后问“你觉得合理吗”，这样的提问无法有效引发学生深度思考。

（二）教材插图方面

1. 思想引导偏差。

有网友提到，教材中出现有悖中国文化自信和社会主义核心价值观的插图和照片，容易给成长中的儿童以不良的思想引导，作者和编辑的审美情趣有待提高。另外，有的教材无论用纸还是印刷效果，都显得粗糙。

2. 关联度不强。

有网友认为，目前教材大部分插图与教材内容的关联度不强，启发性不足，无法有效地促进学生的理解。比如，小学语文“口语交际”的个别情境不是这个时代的，又比如打电话配图是电话机，应该改为当代智能手机。

3. 美观度不强。

大多数网友都认为，目前的教材插图缺乏对学生美的熏陶，人物形态、色彩怪异，缺乏朝气和活力，无法与过去教材中清新活泼的插图相比。

（三）其他课外读物的问题

有网友提出，二年级必读书目中存在逻辑混乱、语言粗俗的文本。还有网友说，儿童读物的问题也很严重，很多古代故事，主角变成了外国人，绘本故事过多选用外国的。

（四）其他与教材相关的反映情况

1. 中学语文教材“写一写”的字体目前是行楷，不易看清笔画，较难掌握字形。还有网友建议，对于刚学英语书写的三年级学生来说，字体可以统一为手写体，目前的印刷体容易使人混淆。

2. 教材中个别作家的作品偏多。

3. 每年教材多有小改动，导致教材和教辅严重浪费，不利于循环使用。建议教材谨慎修订，调整周期延长，或者以单页修改的形式下发更正即可。

4. 教材装订差。教材用了半学期基本就是一页一页的，目前的装订方法根本不适合小学生。

5. 不少网友质疑：为什么已使用十年之久的教材，今天才发现这些问题？原因很多，例如，教育主管部门监管不力，一线教育工作者缺乏问题意识或者听之任之，或者反映了但石沉大海，相关部门未予以重视或回应等。

三、建议梳理

鉴于上述问题，为了更好地发挥课程教材培根铸魂、启智增慧的作用，促进教育高质量的发展，网友们提出了以下建议：

（一）教材内容方面

1. 增强新课程方案在教材修订中的指导地位，坚持“目标导向、问题导向、创新导向”，做到教材为“素养导向、学科实践、综合学习、因材施教”服务。

2. 教材选材加强取舍和精选，以中华传统文化、革命文化、社会主义核心价值观为主，同时，以开阔的胸襟吸纳西方先进文化，处理好文化自信与拓展国际视野之间的关系。

3. 建议提高历史、地理科普说明文在语文及其他学科教材中的比重，从而增强学生对中国历史、国土的了解，对科学的热爱。

4. 建议初中数学分为代数、几何，以便更容易让学生建立代数概念和几何思维，更有助于学生的素养发展。物理、化学等参照 20 世纪的教材进一步固本、创新。

5. 教材的编排遵从各年段学生的认知特点和学习规律，强调基础性、思维性、层次性、方法性，减少高深莫测的说教，多提供方法和拓展阅读的篇目，帮助学生实现看得懂、学得会、用得上，处理好系统性、阶梯性、层次性、自主性间的关系。

6. 处理好反映城市和乡村生活、传统与现代之间关系的内容，让来自祖国各地的孩子们都能感受到家乡的人或事、景或物。

（二）教材插图方面

1. 进一步明确插图具有激发学习兴趣、辅助理解、助力想象、延展学习、培养审美、陶冶情操的作用，插图要做到求精、求美、有意义。

2. 插图的选用要注重传统文化元素与现代科技的结合，写实与想象的融通。

3. 插图要基于促进学生学习的需要，宁缺毋滥，结合学科特点，突出重点，倡导朴素简洁，减少页码及缩小纸张尺寸，从而给课本和书包减负。

（三）教材编写机制的完善

1. 在教材编写方面，进一步邀请一线名师参与其中，尽可能兼顾更多地区的特点，让教材编写广覆盖、接地气。

2. 完善和运用好教材文字编委与插图编委的沟通机制，使图文互相呼应，相得益彰。

3. 进一步落实教材编写的审查等机制，严肃责任追究，让教材编写的工作不敢懈怠、不能懈怠。

4. 落实开展好一线师生参与的教材试用前听证会，以及开通针对教材使用意见建议的反映、收集渠道，并给予积极回应。

5. 课程教材保持在一定周期内的相对稳定，同时，建立每一两年细节小调整的机制，处理好规范稳定与与时俱进的关系，调整处还可以通过官方网站进行发布，便于一线教师直接下载了解。

（四）其他方面

1.在进一步修订完善各学段、各学科教材的基础上（含学前段、义务教育段、高中、职高、大学等必修、选修教材等），进一步跟进和加强教辅资料的审查。

2.持续完善和落实到位课外读物的出版审批、市场监管、社会监督机制，给儿童和社会以良好的文化环境。

3.进一步落地落实“教学评一体化”课改理念，发挥好教材在“立德树人”、选拔和培养人才方面的积极作用，减少偏题、怪题，使考题更多立足固本创新，考查学生解决实际问题的能力上。

以上问题梳理和建议均来自网友在“镇西茶馆”中“教材的问题仅仅是插图吗？究竟还有哪些问题？”问题发出后的留言整理，仅供有关部门参考。

下面，我就中小学教材建设再谈点自己的看法。

我认为，中小学教材编写至少应该做到四个“有利于”——

第一，教材要有利于每一个孩子对祖国的认同。我们应该将中华民族的灿烂文化融入孩子的血液，使他们为自己是中国人而自豪。我们教的是中国孩子，培养的是中国人。“天行健，君子自强不息”的探索精神，“富贵不能淫，贫贱不能移，威武不能屈”的浩然正气，“先天下之忧而忧，后天下之乐而乐”的爱国情怀，“勿以恶小而为之，勿以善小而不为”的道德修养，等等，都应该成为中国孩子的精神气质。

第二，教材要有利于社会主义核心价值观的培植。“富强、民主、文明、和谐，自由、平等、公正、法治、爱国、敬业、诚信、友善”这 24 个字，既凝练地概括了我国的价值取向，也高度体现了人类共同的精神追求。但它不应该仅仅是标语口号式地停留于墙上或口头上，而应该渗透于教材的每一个字中，点点滴滴浸润孩子的心灵，逐步成为他们发自内心认可的坚定信念，渗透在他们日常生活的行为中。

第三，教材要有利于培养孩子面向世界的开阔胸襟。针对教材中的中国元素偏少的情况，适当地增加一些民族文化的内容，是非常必要的，但这不应该成为排斥国外包括西方优秀文化的理由。列宁说：“只有用人类创造的全部知识财富来丰富自己的头脑，才能成为共产主义者。”改革开放之初，邓小平同志为教育改革指明的方向就是：“教育要面向现代化，面向世界，面向未来。”

第四，教材要有利于孩子成为富有创造能力的人。教材当然具有权威性和经典型，但不是拿来给人膜拜的；教材应该是一支火把，用来点燃孩子们智慧。要给孩子多一些思考的空间、想象的空间、质疑的空间。创新是一个民族进步的灵魂。而孩子创新思维的培养，应该从教材开始。我们的教材应该是让孩子越来越聪明，而不是相反。

2022年6月13日

关于在中小学实施教师“末位淘汰制”的问卷调查报告

为了了解在中小学实施教师“末位淘汰制”的具体情况，我们设计了调查问卷，并于5月14日至5月21日，以“镇西茶馆”公众号为平台进行调查。历时7天，共收集到1157个有效样本。

本次问卷有8道题，其中第1～3题为个人基本信息题，第4～7题为选择题（第5～7题为多选题），第8题为开放式问答题。

一、被调查教师的基本情况

本次问卷调查，共有30个省、自治区、直辖市的教师参与问卷调查（见表1），其中来自广东、四川、河南、山东、湖南、云南、江苏、陕西、浙江、甘肃、湖北、河北等省的较多，占总量的75%。

表1　参与调查的教师地域分布

地区	人数	地区	人数	地区	人数	地区	人数	地区	人数	地区	人数
广东	120	云南	63	湖北	42	贵州	29	北京	13	黑龙江	7
四川	113	江苏	59	河北	41	重庆	28	辽宁	11	吉林	7
河南	104	陕西	57	安徽	38	山西	19	上海	11	天津	5
山东	102	浙江	57	江西	35	福建	18	内蒙古	10	青海	4
湖南	70	甘肃	42	广西	29	新疆	15	海南	7	宁夏	1

在 1157 个样本中，小学教师占比为 41.48%，初中教师占比为 36.91%，高中教师占比为 21.61%；在被调查的教师中，来自公办学校的占比为 87.29%，来自民办学校的占比为 11.75%，其他占比为 0.96%。

二、对于实施教师“末位淘汰制”的调查分析

为获详细完备的数据，我们设置了 4 个选择题，以便被调查者进行由浅入深的思索。

问题 1：您所在的区域或学校是否实施“末位淘汰制”？（单选题）

在本次问卷中，有 802 人所在区域未实施“末位淘汰制”，占比为 69.32%；有 355 名教师所在区域实施“末位淘汰制”，占比为 30.68%。为深入了解各地区实施“末位淘汰制”的详细情况，我们对 355 个数据进行分析，并从地区名称，该地区参与调查的样本数据，该地区实施“末位淘汰制”的数据，该地区实施“末位淘汰制”的数据占该地区参与调查的样本数据的百分比等四个方面进行统计，其中，黑龙江、吉林、青海、上海、辽宁实施“末位淘汰制”占比较低，而云南、福建、江西、湖北、湖南、河南、新疆、浙江、河北、贵州、四川、北京、山东等地实施“末位淘汰制”占比均在 30% 以上，具体数据如表 2 所示。

表 2　实施“末位淘汰制”数及占比

地　区	样本数据	实施“末位淘汰制”数	百分比	地　区	样本数据	实施“末位淘汰制”数	百分比
安徽	38	8	21.05%	江西	35	13	37.14%
北京	13	4	30.77%	辽宁	11	2	18.18%
福建	18	7	38.89%	内蒙古	10	2	20.00%
甘肃	42	9	21.43%	宁夏	1	1	100.00%
广东	120	31	25.83%	青海	4	0	0
广西	29	8	27.59%	山东	102	31	30.39%
贵州	29	9	31.03%	山西	19	4	21.05%
海南	7	2	28.57%	陕西	57	17	29.82%

（续表）

地　区	样本数据	实施“末位淘汰制”数	百分比	地　区	样本数据	实施“末位淘汰制”数	百分比
河北	41	13	31.71%	上海	11	1	9.09%
河南	104	37	35.58%	四川	113	35	30.97%
黑龙江	7	0	0	天津	5	1	20.00%
湖北	42	15	35.71%	新疆	15	5	33.33%
湖南	70	25	35.71%	云南	63	33	52.38%
吉林	7	0	0	浙江	57	19	33.33%
江苏	59	15	25.42%	重庆	28	8	28.57%

问题 2：据您了解到的信息，一般什么情况下会实施“末位淘汰”制度？（多选题）

排在首位的是“班级考试分数低”，共计 932 人选择，占比为 80.55%；其次是“课堂教学效果差”与“学生评价反馈差”，选择占比分别为 49.52%、41.49%；“出勤到岗不达标”的选择占比为 23.94%。由此可见，决定“末位淘汰”与否的重要因素是“班级考试分数”，这也是应试教育之风经久不衰的原因。

特别值得关注的是，在 154 个选择“其他”选项的样本数据中，有 54 个提到了领导因素或是人际关系处理不善，占比为 35.06%；而因为师德原因被“淘汰”的仅有 16 个，占比为 10.39%。由此可见，在实施“末尾淘汰”制度的地区，校领导的主观意见起到了很大作用。

问题 3：据您了解到的信息，实施“末位淘汰”制度后，被淘汰的教师一般会被怎样处罚？

此题为多选题，排在首位的处罚是“转岗”，选择占比为 59.29%；其次，是留岗察看（占比为 31.37%），辞退（占比为 26.27%）、书面检查（占比为 20.74%）等。

问题 4：您认为，在中小学采取“末位淘汰”制度会有什么影响？（多选题）

有 89.46% 认为“会破坏教学生态，在教师之间形成恶性竞争”；有 82.54% 认为“教师没有安全感，会把负面情绪传递给学生”；认为“教师有压力，才能促进教学质量的提升”仅有 196 人，占比为 16.94%。

总会有最后一名，最后一名就要被淘汰，如此，每个老师都心惊胆战的，完全没有安全感。

这样的制度严重背离社会主义核心价值观和教育方向，严重违背教育教学规律，严重损害师生身心健康。

教育不仅仅是教书，更是育人，一味提倡竞争和成绩，教师会出现负面情绪，并会将负面情绪传给学生，导致学生情绪或精神出现问题，违背育人的初衷，也会培养出精致利己、不择手段、阳奉阴违的小人，不利于立德树人。

这样的制度对新老师不公平，他们没有正确的成长路径和时间积淀，就因为考核不达标被辞退。

这样的制度不完善、不科学，淘汰的不是教师是人心。而且，人情在其中占比大，背景和关系比能力更重要。

在这样的制度下，本是道德高尚的人，也可能会为了自己私利，出现道德问题。

领导权力更大，腐败更盛。

三、对于实施“末位淘汰”制度的看法与建议

为了解更多一线教师的心声，我们设置了开放式问答题：您对“末位淘汰”制度有何看法？

有教师理性地分析且温情地呼吁：教育不是企业，而是事业。学校不是工厂，而是教学场。教师不是看守犯人的牢头，学生不是羁押的囚犯。所谓的“末位淘汰”不过是自欺欺人的把戏，是表面促进竞争实际导致恶性循环的伎俩。学校的制度为何不可以更温和一点儿，更从容一点儿，更符合人情人性一点儿呢？在本应展现更多温情的教学场所偏偏更加无情，是时代的悲哀，也是我们的无奈。

有教师分析，“末位淘汰制”度的背后是懒惰与焦虑：做法粗暴简单，本质是以罚代管。这个制度背后与其说是寄托着管理者的良好竞争、促进发展这样的美好期望，不如说是盛放着管理者本身的管理懒惰与焦虑。教育效果本身不太好被科学评价，这种制度在校园展开后，容易引发教师之间的恶性竞争，狭隘化教育，将教育窄化成教学，将教学又窄化为给分数打工，因为只有分数最直观，最能体现“教育效果”。最后，在这套逻辑下，教师传导给学生更多的焦虑与压力，师生都在为分数打工。管理者异化了教育，而教师与学生被教育异化而不自知。师生只对分数感兴趣，对自己要成为什么样的人缺乏兴趣。

还有教师对“末位淘汰制”从三个维度进行分析，我觉得不妥！学校是爱心传递的地方。第一，竞争类，内卷起，爱心难生（教师很有可能被逼成自私的人，而教育是最需要公心的地方）。第二，标准难定，以成绩？以爱心？以带给孩子们的阳光快乐？以是否授给孩子们做人的道理？教学成绩好的，未必是育德高手；有爱心，能带给孩子们阳光快乐的教师，有可能其学生在成绩上会有所逊色。第三，教师也有个成长过程，其不同阶段所持状态也不一样。年轻时，精力旺、经验缺；生孩后，可能因护育自己的孩子而身心疲惫，精力不济，但这育子经验恰恰是教学一大财富；年长，又可能精力衰，但经验丰富。所以实行“末位淘汰”制度，只看到教师的现在，没考虑教师的过去与未来，也没考虑教育是育心的地方，与别的职业不同。

有人讲述自己的亲身体会：我刚工作时差点被淘汰，幸亏有朋友帮助。但是今天我在学校算是不错的。如果当年把我淘汰了，这个学校是不是就少了一个能带班、能参赛的劳动力了？今年又兴起“末位淘汰”制度，导致班主任早上七点就进班，有教师为抢晚自习讲题时间甚至要打起来。期中考试前 10 分钟，语文老师匆匆组织差生默写古诗，还要进考场要求差生“必须写作文”。这样竞争下去一定很危险的！我下学期唯一的愿望就是两个字：躺平！

还有人描述实施“末位淘汰”制度的现实：领导关注考试成绩超过其他任何事，为了多考几个本科，挤占了学生和老师的大部分休息时间，早上六点五十必须到教室，中午十二点放学，下午两点二十进教室，晚上十点四十离开，星期六下午课后考试，六点多结束，星期天下午两点半进教室。很多学生因为各种考试排名，出现心理问题；很多老师疲于应付各种评比排名，工作积极性很低。期盼一个懂教育的领导，真正让孩子全面发展，为党育人，为国育才！

有人紧扣教育的目的而思索：在企业管理中实行员工“末位淘汰制”也许可以理解，追求经济价值嘛！但是，在公立学校中，我认为有点牵强，不能一概而论。教育是公益事业，其目的是提高民族整体素质、国民的综合素养。教育应传递人性而非物性的价值观，它的着力点是为谁培养人，培养什么样的人，如何培养人。教育离不开思想教育和智力提高。一味追求成绩和分数，有可能走极端，有可能引起教育工作者目标导向失衡。因此我认为“末位淘汰”可以强调，但在实施中，一定要综合考虑，不要忽左忽右，要遵循教育规律，走多元化评价的道路。

更有人以发展的眼光看问题，从实施“末位淘汰”制度的长期结果分析：“末位淘汰制”可以让教师居安思危，但长期如此，教师就会容易被异化成工具，产生以唯升学率论英雄的情况，机械的应试教育思想必然越来越严重。虽然素质教育更有利于提升成绩，但应试教学法“抄近道”的作用，获得教师的青睐，毕竟他们不需要研究教育学理论，照本宣科就可以轻松获评优秀教师。但这样也势必会影响学生的心理成长，从而加剧学生的精致利己主义，学生心灵更加空虚，后果不堪设想。总体上来说，弊大于利。

为了了解具体情况，我们对 200 个“其他”选项进行分析，其中 192 人为公办学校教师，8 人为民办学校教师。有 21 人表示不清楚具体处置措施，其余 179 位教师列举了具体处罚情况，如开会公布，工资降级，高职低聘，调离到偏远学校，下放到下一层次学校，到山区支教，不允许升入高年级，罚钱，转教其他学科，取消晋级评优资格，等等。

2022 年 6 月 19 日